新型农村社会养老保险制度效果研究

周磊　著

A Study on the Policy
Consequences of the New Rural
Pension Program of China

中国社会科学出版社

图书在版编目 (CIP) 数据

新型农村社会养老保险制度效果研究 / 周磊著 . —北京：
中国社会科学出版社，2017.10
ISBN 978 - 7 - 5203 - 1045 - 1

Ⅰ. ①新… Ⅱ. ①周… Ⅲ. ①农村—社会养老保险—养老
保险制度—研究—中国 Ⅳ. ①F842.67

中国版本图书馆 CIP 数据核字 (2017) 第 229657 号

出 版 人　赵剑英
责任编辑　王　琪
责任校对　胡新芳
责任印制　王　超

出　　版　中国社会科学出版社
社　　址　北京鼓楼西大街甲 158 号
邮　　编　100720
网　　址　http://www.csspw.cn
发 行 部　010 - 84083685
门 市 部　010 - 84029450
经　　销　新华书店及其他书店

印　　刷　北京明恒达印务有限公司
装　　订　廊坊市广阳区广增装订厂
版　　次　2017 年 10 月第 1 版
印　　次　2017 年 10 月第 1 次印刷

开　　本　710 × 1000　1/16
印　　张　12.75
插　　页　2
字　　数　196 千字
定　　价　56.00 元

前　言

　　本书利用有代表性的微观数据对我国新型农村社会养老保险制度（以下简称"新农保"）的实施效果进行了系统、全面的研究。本书采用两个框架研究新农保制度的效果：第一，世界银行的养老保险评估框架，包括覆盖水平（coverage）、保障水平（adequacy）和可持续性（sustainability）三个方面；第二，养老保险的经济学原理框架，包括养老保险的消费平滑作用、逆向选择（档次选择是否会引起逆向选择）和道德风险（如提前退休）。

　　本书共分为八个章节，遵循"观察现象—提出问题—解决问题"的思路对新农保制度的实施效果进行系统的研究。各个章节的主要内容安排如下：

　　第一章介绍本书的研究背景、研究问题、研究思路、研究框架及内容。相对城镇老人，农村老人的社会养老保障程度较低，主要依靠个人劳动和家庭成员养老。在吸取老农保经验的基础上，我国于 2009 年开始试点新农保制度，并于 2012 年年底在全国范围内推行。本书将对新农保制度效果进行考察，包括制度设计目标是否达成、制度对农村居民的影响等方面。通过回答这些问题，本书探讨了新农保制度在社保体系中的地位和作用，并提出相应的政策建议。本书使用世界银行对养老保险的评估框架和养老保险的经济学原理基本框架对新农保制度设计的效果进行了系统、全面的研究；本书实证部分主要使用了中国家庭追踪调查（CFPS）和中国健康与养老追踪调查（CHARLS）两个高质量面板数据。

　　第二章回顾了养老保险的经济学原理和国内外农村社会养老保险制度模式。养老保险的经济学基础是在生命不同阶段平滑消费并规避长寿风险；政府提供养老保险的合理性在于避免一些人的短视行为导致的养老储蓄过低，以及由于"搭便车"行为导致的市场失灵，进行收入再分配的需要。

第三章对国内外相关研究文献进行了系统的梳理和回顾。本章首先总结了国外学者对养老保险的研究，为本书的研究设计提供了借鉴。在此基础上，本章主要分析了国内学者对新农保制度的研究。通过分析发现，国内学者在研究视角上大多集中于制度的某一个方面，缺乏全面的考量和系统的分析；在数据方面，大多采用地方层面的调研数据，因而不具备全国代表性；在模型处理方面，大部分实证方法缺乏对潜在内生性问题进行处理；在分析深度方面，较少考察新农保对不同人群可能产生的不同效果。

第四章基于世界银行对养老保险评估的基本框架，对新农保制度的覆盖率、保障水平和可持续性进行了测算与评估。覆盖率方面：本章首先利用宏观数据计算了新农保的总体覆盖率，发现新农保总体覆盖率提高非常迅速；但值得注意的是，新农保在领取上基本实现了广覆盖（即符合领取资格的基本都已领取），但是在参保上还没有实现广覆盖。其次，采用微观数据分地区和人群计算了新农保的覆盖率，发现各个家庭人均收入组与覆盖率呈倒"U"型关系，即低收入组和高收入组人群的覆盖率偏低。保障水平方面：本章从政府提供的基础养老金和个人账户养老金两个方面进行评估，发现个人账户养老金的保障程度不高，大多数参保人群选择了最低缴费档次，而选择最低缴费档次的个人账户养老金替代率仅仅在0.002到0.025之间，造成养老金的保障作用较大地依赖于基础养老金部分。通过使用微观数据计算不同人群的新农保养老金替代率，还发现新农保养老金对低收入人群有比较高的保障作用。可持续性方面：本章计算了新农保在政府财政支出方面的可持续性，并进行了跨国比较。研究发现政府对新农保提供基础养老金补贴不会带来财政支出压力；通过保险精算仿真对代表性个体的个人账户养老金进行评估，发现全国整体水平下个人账户养老金可持续，但是各个地区由于人均预期寿命存在差异，导致个人账户养老金的可持续性也存在着地区差异，因此有必要由中央政府进行统筹。最后，基于以上发现，本书认为新农保制度设计的"广覆盖，保基本和可持续"目标尚未同时实现，广覆盖、可持续、低保障水平是符合现实的选择。

第五章研究了新农保制度对家庭消费的影响。首先，本章使用断点回归模型识别领取养老金对家庭消费的影响，发现领取养老金使中低收入家庭消费平均提高了 28.6%，而对中高收入家庭的消费影响不显著。其次，本章利用面板数据固定效应模型考察了参加新农保缴费对家庭消费的影响，发现参保缴费使中高收入家庭的消费平均提高了 7.1%，而对中低收入家庭消费影响不显著。这一结果表明中低收入家庭并没有因为加入或领取政府提供的养老金而使消费平滑，其原因很可能是流动性约束，即新农保对这些家庭的福利效应更强；而对于中高收入家庭，数据显示他们更看重新农保平滑消费的作用。

第六章研究了新农保制度对劳动供给的影响。首先，本章利用断点回归模型识别了领取新农保养老金对劳动供给的影响，发现领取新农保养老金降低了中低收入和健康程度较差人群的劳动供给，两组人群的农业劳动参与可能性分别平均降低了 9.3% 和 24.3%，而领取新农保养老金对中高收入和健康状况好的人群的劳动供给影响不显著。其次，本章通过使用面板数据固定效应模型发现，新农保参保对农村居民劳动供给影响不显著。本章结果进一步表明新农保对中低收入人群更多的体现福利效应。

第七章针对新农保制度设计中的"有弹性"原则，研究了新农保中是否存在逆向选择的问题。首先，本章利用宏观数据和微观数据论证了本书中衡量逆向选择风险指标的合理性，发现主观预期寿命与客观风险高度相关，因而能够较好地衡量风险。其次，本章采用 Probit 模型和 Heckman 样本选择模型检验发现新农保中确实存在逆向选择的问题，表现为预期寿命越高的人群选择新农保较高缴费档次的可能性越大。最后，根据测量结果进行估算，逆向选择问题会加大新农保个人账户基金支付缺口。

第八章总结本书的发现，讨论这些发现的含义，并提出相关政策建议。

本书主要结论如下：（1）新农保制度设计的"保基本，广覆盖，有弹性和可持续"原则很难同时实现，因此本书认为，为了广覆盖和可持续选择降低保障水平是符合现实的选择；（2）低保障水平仍然对低收入人群的生活起到了改善作用，但低收入人群的低参保率使这一效应打了折扣；（3）新农保制度设计中混合了保险和福利两个政策，实际效果并不好。对中低收入人群而言，新农保起到了福利政策效果，但是低收入人群目前的覆盖率偏低，降低了福利政策效果的发挥。中高收入人群看重平滑消费功能，但由于缴费封顶档次较低，个人账户基金收益率不高，中高收入人群参保和提高缴费档次的积极性都受到影响；对低收入人群来说，新农保制度全面开展以后享受基础养老金需要以参保为条件，低收入人群的低参保率使很大一部分政策目标人群失去享受福利的机会。

基于以上观点，本书建议：（1）新农保制度设计中应将福利和保险功能分开，取消参加新农保缴费才能领取基础养老金的限制，以体现制度设计的福利效果；其次，提高参保缴费的门槛和上限，以体现制度设计的保险作用；（2）优化新农保基金管理，提高个人账户收益率；（3）提高高龄农村居民的基础养老金和个人账户养老金；（4）警惕逆向选择问题，及其导致个人账户基金缺口加大的风险，可以针对各地之间预期寿命的差异进行不同的缴费档次设计。

本书的创新主要体现在研究的视角、内容、方法和发现几个方面：（1）基于世界银行的评估框架和养老保险的经济学原理框架对新农保制度设计效果进行了系统、全面的评估；（2）使用了公开的、高质量的微观数据，得出的结论更加可靠；（3）应用了保险精算、面板数据技术和测量处理效应（treatment effect）的新方法，定量考察了新农保制度的实施效果；（4）通过实证研究发现了新农保在制度设计、具体实施等方面存在的问题，并提出了相应的对策建议。

本书的出版受到了重庆工商大学经济学国家级特色专业建设项目和重庆中国特色社会主义理论研究中心的支持，特在此表示感谢。由于作者经验和水平有限，书中难免有不足之处，敬请读者批评指正。本书在写作过程中参考了以往相关作者的研究，已在注释和参考文献中标注，但难免有疏漏的地方，敬请谅解。

周磊

2017 年 6 月

目　　录

第 一 章

绪　　论

第一节　研究背景与问题提出

相比城镇地区，农村地区的人口老龄化问题更加严重，并且农村老人的社会养老保障不足，他们的生活来源主要依靠自己劳动收入和家庭其他成员供养。根据我国 2010 年的人口普查资料，农村和城镇 65 岁及以上人口占各自全部人口的比重分别为 10.1% 和 7.8%，另外，农村 65 岁及以上的老年人口已经占到全国 65 岁及以上老年人口的 57.3%。图 1—1 是根据 2010 年人口普查资料计算的农村和城镇 65 岁及以上老人生活主要来源的各个比重。

从图 1—1 可以发现：一方面，农村老人的社会养老保障水平远远低于城镇老人，农村和城镇老人主要生活来源于离退休金养老金的比例分别为 4.9% 和 50.9%。另一方面，由于农村老人的社会养老保障水平比较低，他们不得不依靠自身的劳动收入和其他家庭成员供养作为生活的主要来源，农村和城镇老人以劳动收入作为主要生活来源的比例分别为 28.5% 和 7.9%，而依靠家庭其他成员供养作为生活主要来源的比例分别为 59.0% 和 35.2%。2009 年以前由于农村地区缺乏完善的社会养老保障体系，养老问题给农村老人和他们的家庭成员造成了较大负担。

我国早在 1992 年就建立了农村社会养老保险制度，但是 2008 年之前农村社会养老保险的发展处于停滞状态。国务院于 1991 年发布的《关于企业职工养老保险制度改革的决定》中就提出由民政部和人事部负责农村社会养老保险的改革，民政部在 1992 年印发了《县级农村社会养老保险基本方案（试行）》（以下简称"老农保"），标志着农村社会养老保险

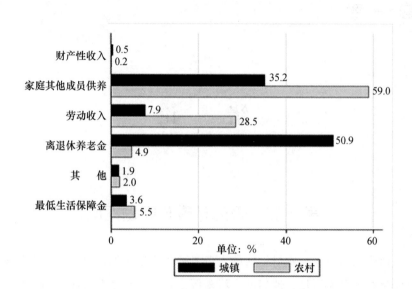

图 1—1　65 岁及以上老人生活主要来源占比

注：图中数据根据 2010 年人口普查资料计算得到。

制度的建立。老农保制度在运行过程中出现了许多问题，1999 年《国务院批转整顿保险业工作小组保险业整顿与改革方案的通知》提出对已经开展的老农保进行整顿规范。图 1—2 反映了 1998 年到 2007 年老农保和企业职工养老保险的参保人数变化情况，在此期间企业职工养老保险参保人数明显上升，而老农保的参保人数则存在明显的下降趋势。封进总结了老农保制度没有得到农村居民广泛认同的两个重要原因：一方面，老农保的个人账户由农民自己缴费而没有政府补贴，其实质是农民自我储蓄，但是又没有储蓄应有的流动性和安全性，个人账户累计余额只能维持很低的领取水平，所以很难充分调动农民的参保积极性；另一方面，老农保的资金缺乏有效的制度监管，个人账户累积的资金存在挪用现象，老农保制度缺乏持续性和资金的安全性。老农保的这些经验与教训，在新农保的制度设计中得到了反映。2003 年我国部分地区逐步开始了新的农村社会养老保障模式试点，其中最典型的是 2007 年宝鸡市探索开展的新型农村社会养老保险试点。宝鸡模式的特点是加入了政府补贴和集体补助，同时与其他养老政策互为补充，采用了养老补贴和个人账户相结合的模式。[1]

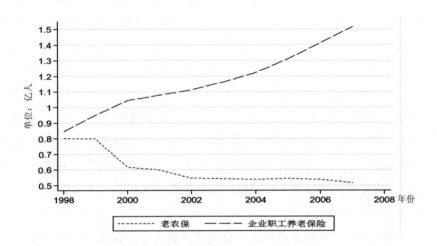

图1—2 老农保和企业职工养老保险参保情况

注：图中数据根据人力资源和社会保障部的统计公报及统计年鉴整理得到。

在总结各地新的农村社会养老保险试点经验基础上，国务院于2009年在全国10%的县开展了《新型农村社会养老保险试点》（以下简称"新农保"）工作[2]，并逐步在全国实施。新农保制度设计的基本框架如下：（1）参保范围：凡是年满16周岁（非在校学生）、未参加城镇职工养老保险的农村居民，可自愿选择参加新农保。（2）资金筹集：新农保基金由个人缴费、集体补助、政府补贴三个部分构成。其中，个人缴费标准分为每人每年100元到500元5个整数档次，地方政府可增设缴费档次，参保人自主选择缴费档次。地方政府应当对参加新农保缴费的人群给予补贴，补贴标准为每人每年不低于30元，补贴部分直接计入个人账户，个人账户存储额参考人民银行公布的金融机构一年期存款利息计息。（3）养老金待遇：新农保养老金待遇由基础养老金和个人账户养老金组成，实行终身支付的原则。其中，基础养老金全部来自政府补贴，中央政

---

① 封进：《新型农村养老保险制度：政策设计与实施效果》，《世界经济情况》2010年第8期。

② 《国务院关于开展新型农村社会养老保险试点的指导意见》（国发〔2009〕32号）。

府确定基础养老金标准为每人每月 55 元，地方政府可以根据实际情况增发基础养老金，个人账户养老金的月计发标准为个人账户全部储存额除以 139，个人账户部分体现了"多缴多得"的原则。(4) 领取条件：新农保养老金待遇的领取条件是年满 60 周岁，未领取城镇职工养老保险金的农村户籍老人。新农保实施时已经年满 60 周岁的农村居民可以直接领取基础养老金，但其符合参保条件的子女应当参保缴费。距离领取年龄不足 15 年的应当按年缴费，距离领取年龄超过 15 年的累计缴费不低于 15 年。新农保制度实施后，其政策影响面不断扩大，到 2012 年底全国所有县级行政区域都实施了新农保，同时 2012 年底参加新农保的人数达到了 4.6 亿人①，成为全世界参保人数最多的社会养老保险。

新农保制度设计上体现了"保基本，广覆盖，有弹性和可持续"② 的特点。"保基本"体现在政府为领取新农保养老金的农村居民每月提供了 55 元的基础养老金；"广覆盖"体现在覆盖的人群非常广泛，农村居民除了在校学生外，只要年满 16 周岁且没有参加城镇职工养老保险的均可以选择参加新农保，另外，新农保制度试点过程中给已经年满 60 周岁的农村居民发放了基础养老金；"有弹性"体现在制度设计比较灵活，农村居民可以自愿选择是否参加新农保和参加后的缴费档次；"可持续"体现在新农保不会给政府财政和个人账户养老金支付造成压力。新农保制度还具有福利政策的特点，主要表现为养老金待遇中有政府提供的基础养老金，并且新农保在开展过程中为已经年满 60 周岁的农村居民直接发放了基础养老金。

新农保制度设计希望兼顾"保基本，广覆盖，有弹性和可持续"四大目标，但各个目标之间可能存在冲突。新农保追求的广覆盖，是否会给财政带来压力；为了减缓财政压力，新农保是否提供了充足的保障水平；新农保的广覆盖，是否对待所有人都有同样的效果；新农保实行灵活的参保制度，政府希望新农保制度能够覆盖的低收入人群是否已被覆盖，有弹性的档次选择是否产生保险中常见的"逆向选择"问题；新农保制度在

---

① 数据来源：第十二届全国人民代表大会第一次会议工作报告。

② 根据新农保制度文件，新农保制度设计的基本原则就是"保基本，广覆盖，有弹性和可持续"。

整个社会保障体系中处于什么样的位置，是福利政策还是保险制度？对于以上问题的回答，需要系统、全面地考察新农保制度的效果。现有文献尚缺乏对新农保制度设计进行系统、全面的分析，研究使用的数据覆盖面有限，并且缺少对相关人群进行的细分。所以，本书拟用高质量的全国代表性微观数据研究新农保制度设计效果。

对新农保制度效果进行系统、全面的评估，具有实践和理论两个方面的意义。在实践方面，通过对新农保制度的目标和效果进行评估，可以针对制度在运行中存在的问题提出针对性的建议，对于完善城乡社会养老保障体系[①]、缓解农村养老压力、提高政府财政资金使用效率等方面有着重要的实践意义。在理论方面，本书通过建立经济学理论模型分析了新农保制度的效果，并在此基础上采用实证的方法对理论模型进行了检验，对新农保制度的效果提供了理论解释。

第二节　研究内容与框架

本书采用两个框架研究新农保制度的效果。第一，世界银行的养老保险评估框架，包括覆盖水平（coverage）、保障水平（adequacy）和可持续性（sustainability）三个方面。世界银行通过对比分析中低收入国家的养老保险制度，发现这些国家养老保险普遍存在着覆盖缺口大、保障水平低和可持续性差的问题。[②] 在此基础上，世界银行总结并提出了这一套养老保险制度基本评估框架。这一框架相对宏观，重点放在新农保制度设计效果的研究。第二，养老保险的经济学原理框架，包括养老保险的消费平滑作用、逆向选择（档次选择是否会引起逆向选择）和道德风险（如提前退休）。这一框架侧重微观层面，关注政策对个人的影响，以及个人对政

---

① 新农保制度于 2014 年 2 月与 2011 年开展的城镇居民社会养老保险进行了合并实施，统称城乡居民养老保险。新农保与城乡居民养老保险在制度设计上差异不大（本书后面将对这两个制度进行比较），并且根据人力资源和社会保障部的统计年鉴及第十二届全国人民代表大会政府人大工作报告数字计算发现，城乡居民养老保险中有 95% 的参保人群由原来的新农保参保人员构成。所以，研究新农保制度对于完善城乡社会养老保障体系具有重要的参考价值。

② Dorfman M., Palacios R., *World Bank Support for Pensions and Social Security*, The World Bank, 2012.

策的反应。另外，由于新农保的制度设计还带有福利的内容，本书也将对福利效果进行评估。

本书重点运用定量分析方法和经济学理论模型评估新农保的实施效果，其研究的逻辑按照"发现问题—分析问题—解决问题"的思路展开：

第一，介绍本书的研究背景，提出研究的具体问题。给出了研究的思路、框架及基本内容，指出本书的创新之处，介绍了全书使用的数据来源。

第二，在明确了研究内容过后，对养老保险的经济学基础和我国农村社会养老保险制度及国外农村养老保险制度进行了梳理，同时回顾了国内外学者对养老保险的相关研究成果及重要发现。通过对文献的整理，找出现有研究值得和需要完善的地方，进一步明确本书的研究意义和方法。

第三，参考世界银行对养老保险评估的基本框架，系统、全面地评估了新农保制度的覆盖率、保障水平和可持续性。首先，采用 2010 年到 2013 年的全国代表性微观调查数据分地区和人群动态考察了新农保的覆盖情况，评估其是否实现了广覆盖。其次，通过分析农村居民的消费支出结构，同时与城镇职工养老保险的保障水平进行对比，提出了新农保制度实现"保基本"政策目标需要达到的目标保障水平。这部分还通过精算模型模拟了政府基础养老金和个人账户养老金的保障水平，在结合微观调查数据的基础上，较为精确地计算了新农保养老金的实际保障水平。再次，由于新农保养老金由政府的基础养老金和个人账户养老金构成，通过国际比较评估了新农保在政府财务支出方面的可持续性，同时通过对代表性个体的分析，探讨了个人账户养老金的可持续性。最后，由于养老保险的"覆盖率，保障水平和可持续"是相互影响的整体，还对三个指标进行了整体评估。

第四，本书从养老保险的经济学原理角度研究了新农保制度的效果。本书采用理论模型和计量经济方法考察了新农保对家庭消费和劳动供给的影响，同时还检验了新农保中是否存在逆向选择的问题。首先，从领取新农保养老金和参加新农保缴费两个方面，考察了新农保制度对家庭消费和劳动供给的影响。目前领取新农保养老金的大部分人群只是领取的政府提供的基础养老金，因此这部分养老金对家庭消费和劳动供给的影响主要反映了新农保的福利效果，而参加新农保缴费对家庭消费和劳动供给的影响主要反映了新农保的保险作用。其次，在分析新农保对家庭消费和劳动供给影响时，还对不同类型的家庭和人群进行了异质性检验，以进一步反映新农保政策对不同类型家庭和人群的福利效果和保险作用。最后，通过理论模型和实证方法检验了新农保参与行为是否存在逆向选择的问题，同时还分析了逆向选择问题对新农保个人账户养老金可持续性的影响。

第五，在总结前文主要结论的基础上，提出了完善新农保制度的相关建议，并对这一问题未来的研究思路和方向进行了展望。

图 1—3 展示了本书的逻辑框架。

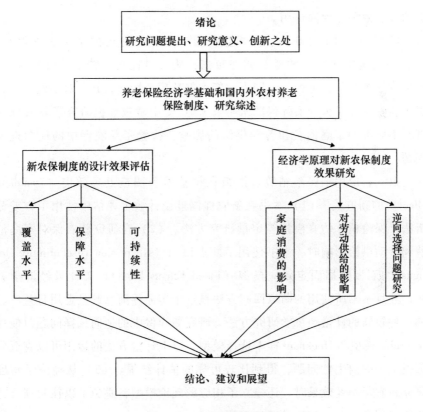

图 1—3 本书的逻辑框架

第三节 研究的创新点

本书的创新主要体现在研究的视角、内容、方法和发现几个方面，而每个方面的创新又和本书的内容密切联系，具体阐述如下：

第一，多视角对新农保制度设计效果进行了系统、全面的研究。（1）视角更全面。虽然国内学者对新农保制度的研究较为丰富，也有不少文章探讨了新农保的保障水平和可持续性，但他们往往只讨论制度设计中的某个方面，得出的结论和提出的建议具有一定的片面性。（2）评估更科学。现有研究中还没有运用世界银行给出的评估养老保险的指标体系对新农保制度进行全面分析的成果，目前的研究在评估体系的整体性和科学性上还有所不足。（3）理论与实证有效结合。文章从养老保险的经济学原理角度出发，从理论和实证两个方面详细考察了新农保制度对不同人群的福利效果和保险作用。

第二，使用了公开的、高质量的微观数据，得出的结论更加可靠。（1）使用全国代表性的微观调查数据，从人口社会学特征、家庭特征、地区特征等角度，考察了不同人群新农保的覆盖情况，并针对不同人群计算了新农保养老金的实际保障水平。（2）使用微观数据研究了新农保制度对不同类型家庭消费和劳动供给的影响，检验了新农保中的逆向选择问题。

第三，应用了保险精算、面板数据技术和测量处理效应（treatment effect）的新方法。（1）本书在新农保制度设计效果评估中使用了方差分析法、保险精算仿真模拟等定量研究方法。（2）在研究新农保对家庭消费和劳动供给影响时，本书使用了断点回归（Regression Discontinuity Designs）、面板数据固定效应模型（Fixed Effects Model）等计量经济学方法，并且本书所使用的断点回归方法是近十年才逐渐兴起且运用日益广泛的一种较新的计量经济学研究方法。研究新农保中的逆向选择问题时使用了 Probit 模型和 Heckman 样本选择模型。以上计量方法的运用可以克服回归模型中的内生性问题，得到比较可靠的估计结果。（3）从经济学角度研究新农保制度效果时，还建立了相应的理论模型，避免了以往实证研究新农保制度时缺乏理论基础的问题。

第四，通过实证研究发现了新的现象。（1）新农保制度设计的"保基本，广覆盖，有弹性和可持续"的政策目标目前不能同时实现。新农保养老金对低收入人群有较好的保障效果，但是低收入人群的覆盖率比较低。（2）在考察新农保对消费和劳动供给影响时发现，新农保制度对低收入人群只有福利效果而没有保险作用，而对高收入人群起到了一定的保险作用而没有福利效果。制度设计中没有区分福利效果和保险作用，使得新农保制度覆盖人群存在着目标冲突。（3）新农保制度设计中的"有弹性"原则产生了逆向选择问题，表现为预期寿命越高的人群选择新农保较高缴费档次的可能性越大，新农保中的逆向选择问题会加大个人账户基金支付缺口，从而影响新农保制度的可持续性。

第四节　数据描述

本书主要使用了北京大学中国社会科学调查中心的两个全国代表性的追踪调查数据：第一，中国家庭追踪调查（China Family Panel Studies，简称 CFPS）2010 年和 2012 年的调查数据；第二，中国健康与养老追踪调查（China Health and Retirement Longitudinal Survey，简称 CHARLS）2011 年和 2013 年的调查数据。使用的数据在时间维度上跨越了新农保制度从开始试点到全面开展的整个过程，从而可以动态地对新农保制度进行比较系统、全面的研究。

CFPS 收集了个体、家庭、社区三个层次的数据，反映了中国社会、经济、人口、教育和健康方面的信息，为学术研究和公共政策分析提供了数据基础。CFPS 样本覆盖 25 个省/市/自治区，目标样本规模 16000 户，调查对象含样本中的所有家庭成员，每两年进行一次跟踪调查。

CHARLS 数据收集了中国 45 岁及以上中老年家庭和个人的高质量微观数据，可以很好地运用于人口老龄化问题的研究。CHARLS 采用了多阶段分层抽样的抽样方法，于 2011 年开展了全国基线调查，样本覆盖了 150 个县级单位，450 个村级单位，约 1 万户家庭中的 1.7 万人，每两年进行一次追踪调查。CHARLS 问卷设计参考了国际经验，内容包括了个人基本信息、家庭结构和经济支持、健康状况、医疗服务和医疗保险、工作、退休和养老金、收入、消费、资产以及社区基本情况等丰富的信息。

CFPS 数据的调查总体是各个年龄段人口及家庭信息，而 CHARLS 数据可以重点反映有家庭成员在 45 岁以上的家庭信息。当我们的关注点在于已退休和临近退休的人群时，CHARLS 数据具有样本量上的优势，但如果想了解年轻人群的参保行为，就只能使用 CFPS 数据。由于 CFPS 和 CHARLS 数据反映的是不同年龄的家庭和人口信息，因此数据分析的结论不能直接对比。另外，由于 CHARLS 数据包含了更加全面的新农保方面的信息，并且养老保险对临近退休人群的行为影响更为明显①，本书从经济学原理框架研究新农保制度效果时主要使用了 CHARLS 数据。

---

① 程杰：《养老保险的劳动供给效应》，《经济研究》2014 年第 10 期。

第 二 章

养老保险的经济学原理及国内外
农村社会养老保险制度

养老保险的经济学原理和国内外农村社会养老保障制度是认识和研究新农保制度的重要基础。养老保险中蕴含着许多经济学原理，对这些经济学原理的理解有利于更好地从经济学的角度研究新农保制度的效果。对我国农村社会养老保险制度的变迁和国外农村养老保障制度模式的回顾和总结，可以更好地认识和理解新农保制度。所以，本章总结了养老保险的经济学原理和国内外农村社会养老保险制度。

第一节　社会养老保险的经济学基础

尽管早在 1889 年德国政府就建立了现收现付制的社会养老保险体系，但是到了 1958 年著名经济学家萨缪尔森（Samuelson）在其经典文章中才给出了社会养老保险的经济学基础。萨缪尔森在两阶段迭代模型框架下考察了社会养老保险的作用，他发现社会养老保险可以实现资源在代际转移，并且社会养老保险在实现资源转移过程中还会产生一个等于人口增长率的隐含收益率，他在文章中标注为生物利率。[1] 以下引用费尔德斯坦（Feldstein）[2] 的简化模型对萨缪尔森的基本思想进行说明。

---

[1]　Samuelson, P. A. , "An Exact Consumption – loan Model of Interest with or Without of the Social Contrivance of Mohey", *The Journal of Political Economy*, 1958, pp. 467 – 482.

[2]　Feldstein, M. , Liebman, J. B. , "Social Security", *Handbook of Public Economics*, 2002, pp. 2245 – 2324.

费尔德斯坦的基本假设如下：（1）假设在迭代模型框架下有完全相同的个体，每个个体都生活两个时期，第一个时期是工作时期，第二个时期是退休时期。（2）经济体中不存在资本品，每个时期生产的物品必须在该时期被消费，即生产的物品不可储存。所以，在该经济体中个体并不能通过私人储蓄进行养老。（3）在现收现付制的社会养老保险体系下，每个时期工作的人群转移 θ 部分的产出给退休人群。（4）在 t 时期工作的人数为 L_t，恒定的工资水平为 w，工作人群的增长率等于人口增长率 n，即 $L_{t+1} = (1+n) L_t$。（5）在 t 时期工作人群缴纳的社会养老保险税为 T_t，其中 $T_t = \theta w L_t$，当这部分人退休时取得的养老金收入为 B_{t+1}，其中 $B_{t+1} = T_{t+1} = \theta w L_{t+1}$。因此，通过计算可以得到 t 时期工作人群取得的养老金收益与他们缴纳的社会养老保险税的比率为 $B_{t+1}/T_t = 1 + n$，萨缪尔森把这个比率称为社会保险税的隐含收益率或者生物利率。如果由于技术进步使得工资的增长率为 g，即 $w_{t+1} = (1+g) w_t$，那么社会养老保险的隐含收益率相应地变为 $B_{t+1}/T_t = (1+n)(1+g)$。以上分析可以发现，在缺乏可存储的资本品经济中，社会养老保险是一种非常理想的政策。社会养老保险政策不仅可以实现资源在代际进行转移，同时社会养老保险税还可以产生隐含收益率，社会养老保险可以实现帕累托改进。

社会养老保险除了可以实现代际资源转移的作用之外，还可以达到分散长寿风险的目的。理论上个体也可以通过私人储蓄为养老进行储备，但是私人储蓄不能无限制领取，当个体存活超过一定年龄时，私人储蓄已经被完全领取，长寿有导致生活水平下降的风险。相对于私人储蓄，社会养老保险往往实行终身支付的政策，所以社会养老保险能够起到分散长寿风险的目的。

在经济学中，养老保险还可以影响行为主体的预算约束，提高当期或者预期的收入水平，从而影响个体的行为。主要的影响有降低劳动或者储蓄动机，间接影响家庭消费和家庭资产组合，尤其是对于临近或者已经退休的中老年人群。如果是自愿选择的养老保险，可能存在经济学中的逆向选择问题，从而造成市场失灵，所以养老保险往往也需要政府干预。下面将简单说明政府提供养老保险的合理性。

第二节　政府提供养老保险的合理性

理论上，一个社会可以有多种方式为老年人口提供生活来源，比如人们在工作时期为养老进行自我储蓄，或者通过专业的养老保险公司为老年人口提供养老金。为什么养老金往往由政府提供？传统的观点认为只有当私人市场存在市场失灵时才需要政府的干预。养老保险市场和其他保险市场一样，存在信息不对称问题，从而导致市场失灵，所以社会养老保险需要由政府提供。

费尔德斯坦总结了政府提供社会养老保险合理性的主要理由：首先，可以克服人们在整个生命周期中的短视行为（myopia）。如果让人们通过自我储蓄进行养老，人们往往因为短视行为而存在储蓄不足的问题。研究发现，许多人没有为自己的养老问题准备充分，如果缺乏政府的社会养老保险，这些人将有可能陷入贫困或者不得不在退休过后降低自己的消费水平。其次，可以克服人们搭便车的行为（free-riding）。如果人们知道当自己年老时缺乏养老资源，而其他社会成员将会为他们提供养老资源时，这样人们在年轻时往往缺乏动机进行充分的储蓄，想通过搭便车行为进行养老，这种搭便车行为将会产生无效率的结果。政府通过强制收取年轻人的社会养老保险税，为退休老人提供养老金可以很大程度上避免搭便车的行为，从而提高经济社会的效率。最后，可以在个人之间实现收入分配。社会养老保险税往往与个人的工资收入水平正相关，而社会养老保险的养老金收入水平由政府分配，所以社会养老保险政策有收入再分配的功能。社会养老保险不仅仅能够在某一年实现收入分配，而且能够在个体整个生命周期内实现收入分配。

还有学者从政治经济学的角度解释了政府提供社会养老保险的合理性。一种观点认为，老人容易在政治方面形成联合体影响社会养老保险的发展。社会养老保险提供的收益非常集中，而产生的成本相对分散，所以老人容易联合成为一个整体争取自己的社会养老保险利益。[①] 另外一种观

---

① Browning, E. K., "Why the Social Insurance Budget is too large in a Democracy", *Economic Inquiry*, Vol. 13, No. 3. 1975, pp. 373 – 388.

点认为，政府提供的社会养老保险有利于加大对后代的人力资源的投资。在政府提供的现收现付的社会养老保险体系下，老年人的养老金收入水平取决于年轻人的收入水平，所以老年人有动机加大年轻人的人力资本投资，以使老人在退休时取得更高的养老金收入水平。[1]

第三节　我国农村社会养老保险制度回顾

经过 20 多年的探索，我国农村社会养老保险制度的演变大致可以分为以下四个阶段：[2]

第一个是民政部主导的老农保制度阶段，时间为 1992—1998 年。根据国务院《关于企业职工养老保险制度改革的决定》（国发〔1991〕33 号）中"农村（含乡镇企业）的养老保险制度改革，由民政部负责，具体办法另行制定"的决定，民政部于 1992 年颁布了《县级农村社会养老保险基本方案（试行）》，这个文件标志着农村养老保险制度进入探索阶段。1995 年国务院办公厅转发了民政部《关于进一步做好农村社会养老保险工作的意见》，这个文件与民政部前面颁布的文件共同构成了农村社会养老保险制度实施的依据和准则。民政部主导的农村社会养老保险被称为"老农保"[3]。老农保制度实质是农民自我储蓄，同时个人账户缺乏流动性和安全性，所以这种模式没有得到广大农户的认同。[4] 老农保制度在运行过程中出现了诸多问题，1999 年《国务院批转整顿保险业工作小组保险业整顿与改革方案的通知》提出将农村社会养老保险列入清理整顿范围，从此以后各地的老农保工作基本处于停滞状态。[5] 老农保制度失败的原因已有很多学者进行过讨论[6]，本书不再做更多阐述。

---

① Rangel, A., "Forward and Backward Intergenerational Goods: Why is Social Security Good for the Environment?", *The American Economic Review*, Vol. 93, No. 3, 2003, pp. 813 – 834.

② 以下部分内容引自崔红志、封进、刘晓梅、张运刚等作者的相关文献，在此表示感谢。

③ 张运刚：《新型农村社会养老保险制度探索》，《四川师范大学学报》（社会科学版）2010 年第 4 期。

④ 封进：《新型农村养老保险制度：政策设计与实施效果》，《世界经济情况》2010 年第 8 期。

⑤ 崔红志：《新型农村社会养老保险制度适应性的实证研究》，社会科学文献出版社 2012 年版。

⑥ 刘晓梅：《中国农村社会养老保险》，科学出版社 2010 年版。

第二个是地方新农保制度探索阶段，时间为 1999—2008 年。老农保工作处于停滞后，有些地区在总结老农保制度经验和教训基础上，积极探索了新的农村社会养老保险制度，其中比较典型的是 2007 年 7 月陕西省宝鸡市开始实施的新型农村社会养老保险制度，当年 11 月宝鸡市被劳动和社会保障部列为"全国新型农村社会养老保险试点城市"。宝鸡市的新型农村社会养老保险制度模式实施了以个人缴费、集体补助、政府补贴为基础，家庭养老、土地保障和社会救助等为补充，养老补贴与个人账户相结合。

第三个是国家新型农村社会养老保险制度阶段，时间为 2009—2013 年。2009 年 9 月 1 日国务院发布了《关于开展新型农村社会养老保险试点的指导意见》[①]（以下简称"新农保"），这个文件标志着全国性的新农保制度建立。

第四个是新农保和城镇居民基本养老保险合并实施的城乡居民养老保险制度阶段，时间为 2014 年至今。我国于 2009 年实施新农保制度试点过后，又于 2011 年 7 月开展了城镇居民社会养老保险试点[②]，由于这两个保险有许多相似之处，同时城镇居民社会养老保险参与的人数比较少，所以国务院于 2014 年 2 月[③]决定将以上两种养老保险合并实施，在全国范围内建立统一的城乡居民基本养老保险。

从表 2—1 可以发现，新农保与老农保制度存在非常大的差异，主要体现在以下几个方面：首先，新农保和老农保的权威性不同。新农保制度由国务院统一发布，而老农保制度是由民政部推动的"部门政策"，新农保制度受到了各级政府更高的重视，同时也得到了广大群众的信任。其次，政府在两种保险中的作用不同。老农保制度中政府没有给予补贴，而在新农保制度中政府不但为个人缴费给予补贴，而且提供基础的养老金。最后，新农保和老农保的各项内容规定不同。老农保制度对于缴费、待遇领取没有明文规定，而新农保制度对于以上细节规定得非常清楚。

新农保制度与城乡居民养老保险制度在整体上差异不明显。根据表 2—1 可以发现新农保制度和城乡居民养老保险制度整体框架相同，只是存在细微差异：（1）城乡居民养老保险覆盖的范围更加广泛，加入了未被城镇职工养

---

① 《国务院关于开展新型农村社会养老保险试点的指导意见》（国发〔2009〕32 号）。

② 《国务院关于开展城镇居民社会养老保险试点的指导意见》（国发〔2011〕18 号）。

③ 《国务院关于建立统一的城乡居民基本养老保险制度的意见》（国发〔2014〕8 号）。

老保险覆盖的城镇居民；（2）城乡居民养老保险比新农保增设了更多的缴费档次，由原来的 5 档变为了 12 档；（3）基础养老金加入了调整机制，不再是原来的每月 55 元。可以发现，新农保制度和城乡居民养老保险制度在整体框架上基本相同，另外，城乡居民养老保险覆盖的人群主要是农村居民，并且原来新农保的人群占整个城乡居民养老保险的 95%[①]左右。所以，本书对于新农保制度研究的结论对于城乡居民基本养老保险也有很重要的参考价值。

表 2—1　　　　　　　　农村社会养老保险制度比较

	老农保制度	新农保制度	城乡居民养老保险制度
参保范围	20 至 60 周岁非城镇户口、不由国家供应商品粮的农村人口	年满 16 周岁（不含在校学生）、未参加城镇职工基本养老保险的农村居民	年满 16 周岁（不含在校学生，非国家机关和事业单位工作人员及不属于职工基本养老保险制度覆盖范围的城乡居民，可以在户籍地参加城乡居民养老保险
资金筹集	资金筹集坚持以个人交纳为主，集体补助为辅，国家给予政策扶持的原则。月交费标准 2 元、3 元、4 元、5 元、6 元、8 元、10 元、12 元、14 元、16 元、18 元、20 元 12 个档次	新农保基金由个人缴费、集体补助、政府补贴构成。个人缴费分为 100 元到 500 元五个档次，各地可以增设档次；地方政府对于个人账户缴费每年不低于 30 元	城乡居民养老保险基金由个人缴费、集体补助、政府补贴构成。个人缴费分为 100 到 2000 元 12 个档次，各地可以增设档次；地方政府对于个人账户缴费每年不低于 30 元，对于缴费 500 元以上的每年补贴不低于 60 元
建立个人账户		国家为每个新农保参保人建立终身记录的养老保险个人账户，个人账户包括个人缴费、政府补贴和各种补助，个人账户参考中国人民银行公布的金融机构人民币一年期存款利率计息	国家为每个参保人员建立终身记录的养老保险个人账户，个人账户包括个人缴费、政府补贴和各种补助，个人账户储存额按国家规定计息

---

① 数字根据第十二届全国人民代表大会政府工作报告和人力资源和社会保障部的统计年鉴计算得到。

续表

	老农保制度	新农保制度	城乡居民养老保险制度
养老金待遇及调整	根据交费的标准、年限，确定支付标准（具体标准，另行下发）。投保人领取养老金的保证期为十年	养老金待遇由基础养老金和个人账户养老金组成，支付终身。中央确定的基础养老金标准为每人每月55元；个人账户养老金的月计发标准为个人账户全部储存额除以139	城乡居民养老保险待遇由基础养老金和个人账户养老金构成，支付终身。中央确定基础养老金最低标准，建立基础养老金最低标准正常调整机制；个人账户养老金的月计发标准，目前为个人账户全部储存额除以139
养老金待遇领取条件	领取养老金从60周岁以后开始	年满60周岁、未享受城镇职工基本养老保险待遇的农村有户籍的老年人，可以按月领取养老金。距领取年龄不足15年的，应按年缴费，也允许补缴，累计缴费不超过15年；距领取年龄超过15年的，应按年缴费，累计缴费不少于15年	参加城乡居民养老保险的个人，年满60周岁、累计缴费满15年。新农保或城居保制度实施时已年满60周岁，可不用缴费，按月领取基础养老金
基金管理和运营	基金以县为单位统一管理	新农保基金纳入社会保障基金财政专户，实行收支两条线管理，单独记账、核算，按有关规定实现保值增值。试点阶段，新农保基金暂实行县级管理，有条件的地方也可直接实行省级管理	城乡居民养老保险基金纳入社会保障基金财政专户，实行收支两条线管理，逐步推进城乡居民养老保险基金省级管理

注：表中内容根据相关政策整理得到。

第四节　国外农村社会养老保障制度

世界上多数国家都是先为正式工作部门的人群提供社会养老保障，然后再将社会养老保障体系扩大到非正式工作人群，其中包括农民。各个国家的国情不同，为农民提供的社会养老保障制度可能存在差异，但是多数国家在为农民提供社会养老保障时有许多共同的特点，例如政府给予了不同程度的补贴，资金来源也倾向于多元化。下面参考陈南旺[①]和杨翠迎[②]对国外农村社会养老保障制度划分方法，分别介绍德国的"投保资助型"、瑞典的"福利型"和新加坡的"自助型"社会养老保障制度，这几个国家对农村的社会保障制度大体设计框架如表2—2所示。

表2—2　　　　　　国外农村社会养老保障制度模式与类型

	保障对象	资金筹集	养老金待遇	领取条件
德国（投保资助型）	农场主及其配偶和共同劳作的家属	联邦补贴70%，个人缴30%	现收现付	（1）男和女分别满65岁和60岁；（2）缴费满15年；（3）50岁以后退出农业劳动
瑞典（福利型）	农民	基础养老金，附件养老金，部分养老金	根据退休时间长短和工作期间收入计算	年满65岁
新加坡（自助型）	所有公民	自己缴费，政府提供最低养老金担保	累计制	（1）年满60岁；（2）个人账户达到规定数额

注：表中内容根据陈南旺和杨翠迎的研究整理得到。

---

① 陈南旺：《国外城镇化进程中农村社会养老保险制度比较与启示》，《价格月刊》2006年第5期。

② 杨翠迎：《农村基本养老保险制度理论与政策研究》，浙江大学出版社2007年版，第35—37页。

　　以上三种农村社会养老保障制度虽然存在非常大的区别，但是也具有共同的特征。这三种类型的农村社会养老保障制度的共同特点体现在资金来源多元化，并且政府给予了不同程度的补贴，差距主要体现在政府介入的程度上。德国的"投保资助型"社会养老保障体制强调了效率与公平相结合，体现了权利与义务对等的原则，缴费部分主要来源于个人减轻了政府负担；瑞典的"福利型"社会养老保障制度强调的是公平，这种模式虽然可以实现养老保险待遇的普遍性，但是给国家财政和社会经济造成了比较大的负担；新加坡的"自助型"社会养老保障制度强调了效率，这种模式其实是农民自我储蓄，受人口老龄化的影响比较小，也不会给政府财政造成太大的负担。

　　新农保制度具有以上三种国外农村社会养老保障模式的特点。新农保中政府对个人缴费给予补贴与德国的"投保资助型"社会养老保障体制相似，只不过新农保中的补贴力度不如德国模式高；新农保养老金待遇的基础养老金与瑞典的"福利型"类似，当然基础养老金的金额也远不如瑞典高；新农保个人缴费部分有新加坡的"自助型"的特点，即相对于农民的自我储蓄。

第 三 章

国内外文献综述

在世界大多数国家已经进入人口老龄化的背景下，养老问题受到了世界各国的广泛关注。养老保险作为老年人的重要生活来源，也引起了大量国内外学者对养老保险问题进行研究，其相关文献可谓"汗牛充栋"。国外学者对养老保险的研究主要集中在以下几个方面：（1）养老保险的理论基础和制度设计；（2）养老保险的实施效果，例如覆盖率、保障水平和可持续性；（3）养老保险对个人和家庭行为的影响，例如对储蓄、消费、劳动供给和资产配资的影响研究。国内的学者更注重在我国的经济环境下研究以上几个问题。

由于养老保险的经济学基础和制度设计已经在上一章中做了介绍，本章将围绕养老保险其他方面的问题，分别介绍国外和国内学者的相关研究，对国内文献回顾时则将重点放在对新农保问题的研究方面。

第一节　国外文献研究

一　养老保险的"覆盖率，保障水平，可持续性"研究

1. 覆盖率问题

社会养老保险覆盖率是指参加社会保险的人口占特定人群的比重，提高社会养老保险覆盖率有着非常重要的意义。只有提高社会养老保险覆盖率才能发挥保险分散的作用，保险分散风险的前提是多样化的风险组合，

提高社会养老保险覆盖率可以达到多样化的风险组合，所以提高覆盖率可以使保险起到分散风险的作用；提高社会养老保险覆盖率可以增进社会公平，缩小不同人群之间的社会保障差异。全世界的社会养老保险覆盖程度不高，不足 20% 的老人享受养老金待遇，大概只有 25% 左右的劳动人口缴纳社会养老保险金或者取得领取养老金的权利。[①] 所以，社会养老保险覆盖率问题受到国外学者的广泛关注。

中低收入国家社会养老保险覆盖率通常非常低。南亚和非洲撒哈拉沙漠以南地区只有不足 10% 的人口被养老保险覆盖[②]；拉美国家只有 40% 左右的工作人群参加了社会养老保险项目，而尼加拉瓜、秘鲁、巴拉圭不足 25% 的工作人群参加公共养老保险项目[③]；印度仅仅只有 20% 左右的非农劳动者被社会保险覆盖。[④] 低收入国家不到 25% 的劳动者有养老保险，中等收入国家大概也只有 25%—50% 的劳动者参加了养老保险。[⑤] 相对而言，发达国家的社会养老保险覆盖率通常比较高，例如日本只有 1.6% 的老人没有领取社会保险养老金[⑥]，韩国于 1999 年将社会保险项目的覆盖范围扩大到了所有的工作人口。[⑦]

大量学者对中低收入国家社会养老保险覆盖率低的原因进行了分析。首先，许多中低收入国家只为正式工作部门的人群提供了社会养老保险项

---

① Forteza, A., Lucchetti, L., "Pallares - Miralles M. Measuring the Coverage Gap", *Closing the Coverage Gap: The Role of Social Pensions and Other Retirement Income Transfers*, 2009, pp. 23 - 40.

② Ibid..

③ Auerbach, P., Genoni, M. E., "Social Security Coverage and the Labor Market in Developing Countries", *Working Paper*, 2005.

④ Sakthivel, S., Joddar, P., "Unorganised Sector Workforce in India: Trends, Patterns and Social Security Coverage", *Economic and Political Weekly*, 2006, pp. 2107 - 2114.

⑤ Van Ginneken, W., "Social Security Coverage Extension: A Review of Recent Evidence", *International Social Security Review*, Vol. 63, 2010, pp. 57 - 76.

⑥ Takayama, N., "Pension Coverage in Japan", *Closing the Coverage Gap*, Vol. 60, No. 64, 2008, pp. 70.

⑦ Ginneken, W., "Extending Social Security: Policies for Developing Countries", *International Labour Review*, Vol. 142, No. 3, 2003, pp. 277 - 294.

目，这种制度设计将许多非正式工作部门和自我雇佣的人群排除在外①②③，而中低收入国家大部分劳动者从事于非正规工作部门，例如印度有 92% 的劳动者从事于非正规工作部门④，肯尼亚 1996 年有 2/3 的工作人群从事非正式部门的工作。另外，即使非正式工作部门的劳动者有机会参加社会养老保险项目，他们自身参加社会养老保险的积极性也不高。⑤雷诺（Reynaud）认为非正式部门工作人员社会养老保险覆盖率低的原因有两个方面：一方面在于政府或者保险机构很难向这些工作人员和他们的雇主收取保费；另一方面在于绝大部分非正式部门工作人群不愿意为高额的社会保险缴费。虽然社会保险可以为这些人群带来收益，但是未来的社会养老保险收益无法满足他们当前的消费需求。其次，中低收入国家经济发展程度不高⑥和政府财力不足⑦也是影响这些国家社会养老保险覆盖的重要因素。詹姆斯（James）发现经济增长是决定社会养老保险覆盖程度最重要的因素⑧；福特萨等（Forteza et al.）也发现社会养老保险覆盖率同各个国家的人均 GDP 成正比。最后，中低收入国家社会养老保险制度本身的缺陷也是这些国家社会养老保险覆盖率低的重要原因。很多国家的社会养老保险回报率过低，对劳动人口加入社会养老保险的激励不足。另外，一些发展中国家法律规定的养老保险覆盖和实际的覆盖水平差距非常

---

① Forteza, A., Lucchetti, L., "Pallares – Miralles M. Measuring the Coverage Gap", *Closing the Coverage Gap: The Role of Social Pensions and Other Retirement Income Transfers*, 2009, pp. 23 – 40.

② Hagemejer, K., "Rights – based Approach to Social Security Coverage Expansion", *Closing the Coverage Cap: The Role of Social Pensions and Other Retirement Income Transfers*, 2009.

③ Reynaud, E., "The Extension of Social Security Coverage: The Approach of the International Labour Office", *Extension of Social Security Working Paper*, 2002.

④ Sakthivel, S., Joddar, P., "Unorganised Sector Workforce in India: Trends, Patterns and Social Security Coverage", *Economic and Political Weekly*, 2006, pp. 2107 – 2114.

⑤ Van Ginneken, W., "Social Security for the Informal Sector: A New Challenge for the Developing Countries", *International Social Security Review*, Vol. 52, 1999, pp. 49 – 69.

⑥ Van Ginneken, W., "Extending Social Security Coverage: Concepts, Global Trends and Policy Issues", *International Social Security Review*, Vol. 60, 2007, pp. 39 – 57.

⑦ Bailey, C., "Extending Social Security Coverage in Africa", *Working Paper*, 2004.

⑧ James, E., "Coverage Under Old Age Security Programs and Protection for the Uninsured: What are the Issues?", *World Bank Publications*, 1999.

大，显示了发展中国家在执行制度上并不严格。[①]

各个国家的政府对提高社会养老保险覆盖率的积极性非常高。许多国家认为普遍的社会养老保险覆盖是经济社会成功的重要标志，随着中低收入国家人民收入水平的提高和社会保障意识的不断增强，对政府提供足够的社会保障的预期也在不断加强[②]；吉内肯（Ginneken）认为社会保险是各个政府处理全球化带来的不利社会影响最有效的工具。为此，许多学者为中低收入国家提高社会养老保险覆盖率提供了如下几方面的建议。首先，必须消除或者降低制度上的障碍，将原来因制度排除在外的人群纳入社会养老保险覆盖范围。[③] 其次，建议政府建立全国性的社会保障体系，给予非正式工作部门和农民加入社会养老保险项目更多的优惠政策。[④] 最后，增加人们对社会养老保险的理解，提高人们的社会养老保险意识。[⑤]

当然，也有越来越多的研究集中于提高社会养老保险覆盖率带来的不利影响。提高社会养老保险覆盖率潜在的不利影响有以下几个方面：首先，提高非正式工作部门人群的社会养老保险覆盖率可能会产生负向激励，鼓励人们进入非正式工作部门，由于非正式工作部门的养老保险保障程度相对也比较低，从而降低了整个社会的养老保障水平。[⑥] 其次，雷兹曼等（Holzmann et al.）认为通过强制措施提高覆盖率会扭曲劳动市场，加大个人和家庭的经济负担。最后，荣格和德兰（Jung & Tran）采用一般均衡模型分析了非正式部分社会保险覆盖率提高对整个社会福利的影响，结果发现非正式部门社会养老保险覆盖率提高降低了社会福利，因为

---

① Forteza, A., Lucchetti, L., "Pallares – Miralles M. Measuring the Coverage Gap", *Closing the Coverage Gap: The Role of Social Pensions and Other Retirement Income Transfers*, 2009, pp. 23 – 40.

② Asher, M. G., "Social Pensions in Four Middle – income Countries", Closing the Coverage Gap, *Working Paper*, 2009.

③ Ginneken, W., "Extending Social Security: Policies for Developing Countries", *International Labour Review*, Vol. 142, No. 3, 2003, pp. 277 – 294.

④ Bailey, C., "Extending Social Security Coverage in Africa", *Working Paper*, 2004.

⑤ Ginneken, W., "Extending Social Security: Policies for Developing Countries", *International Labour Review*, Vol. 142, No. 3, 2003, pp. 277 – 294.

⑥ Asher, M. G., "Social Pensions in Four Middle – income Countries", Closing the Coverage Gap, *Working Paper*, 2009.

非正式部门社会保险覆盖率提高降低了资本积累和对正式工作部门产生了影响。但是也有研究认为，中低收入国家提高社会养老保险覆盖率的对象比较清晰，提高社会养老保险覆盖率对劳动市场的扭曲作用比较小。[1]

2. 保障水平问题

社会养老保险保障水平是指社会养老保险养老金为退休老人提供生活保障的程度，社会养老保险的保障水平毫无疑问是社会养老保险政策设计最重要的目标[2]。迪亚蒙（Diamond）认为社会养老保险为大部分人群退休以后提供了保障。科特利克夫等（Kotlikoff et al.）发现养老金和住房几乎构成了老人所有的财产，他们推论如果没有养老金收入，老人的消费水平将比他们终身的消费水平下降40%左右。阿拉丁（Alaudin et al.）使用2009年美国家庭收入调查数据研究发现，只有69%的老人为自己的退休提供了充分的准备，其余部分都需要依靠社会养老保险提供基本的生活保障。李等（Li et al.）采用美国老年纵向调查数据分析了美国居民为退休准备的财务资源，发现样本中只有46%左右的人群为自己退休准备了充足的财务资源，以维持退休前的消费水平。可见，社会养老保险在保障退休老人生活水平方面发挥了非常重要的作用。如果社会养老保险保障水平过低，则达不到保障退休老人生活水平的目的。哈莫米斯（Hamermesh）采用1973年美国退休历史调查数据研究了退休人群家庭的消费状况，发现大多数退休人群的家庭消费不足，退休人群的家庭在1973年到1975年之间每年大概平均降低了5%的消费，其原因在于社会养老保险保障程度不够。如果社会养老保险保障程度过高，可能会加大政府的财政负担，还可能产生欧洲国家出现的"福利"病问题。为此，适度的社会养老保险保障水平引起了学者的广泛关注。

世界银行和欧盟委员会分别对适度的社会养老保险给出了定义。世界银行对社会养老保险适度保障水平的定义是：一个国家的社会保险养老金适度水平，一方面应该避免老人陷入绝对贫困，另一方面可以使绝大部分

---

[1]　Barrientos, A., "Social Pensions in Low – income Countries", *Closing the Coverage Gap: The Role of Social Pensions and Other Retirement Income Transfers*, Washington, D. C.: World Bank, 2009.

[2]　Chybalski, F., "Measuring the Multidimensional Adequacy of Pension Systems in European Countries", *Working Paper*, 2012.

人达到平滑终身消费的目的。[1] 欧盟对社会养老保险适度保障水平的定义包含了三个方面的内容：第一，社会养老保险养老金能够使老人过上体面的生活，避免陷入贫困的风险，同时能够享受国家经济增长带来的福利，还能使老人参加政治、社会、文化生活；第二，社会养老保险养老金能够保障人们在退休后还能够维持一定的生活水平；第三，社会养老保险养老金应该促进代际内部和代际稳定，这里的稳定意味着退休后的生活水平应该不会比工作时候的水平差许多。世界银行与欧盟委员会关于对社会养老保险适度保障水平的定义内容除了促进代际和内部稳定存在差异外，定义其他方面的内容几乎类似。值得注意的是，两个机构都是从多维度定义社会养老保险充分保障水平的目标，他们不仅关注于养老金水平，至少保证老人有足够的生活水平，避免陷入贫困，同时还强调社会养老保险应该作为在整个生命周期分配财富的工具。[2][3]

德克斯特（Dexter）提出了社会养老保险替代率的概念，用于量化分析社会养老保险的保障水平。社会养老保险替代率是指养老金收入与某种特定定义的收入的比率，比如用退休前的收入、终身收入的平均值等。[4][5][6] 世界银行和欧盟委员会对充分保障水平的定义是多维度的，而替代率不能反映所有的维度，因此有学者对替代率衡量社会保险保障程度的方法提出了质疑。[7] 吉巴拉斯基（Chybalski）根据世界银行和欧盟委员会对于社会养老保险的目标提出了一个多维度指标衡量社会养老保险的保障

①　Holzmann, R., Hinz, R. P., von Gersdorff, H., et al., "Old - age Income Support in the Twenty - first Century: an International Perspective on Pension Systems and Reform", Washington, D. C.: World Bank, 2005.

②　Barr, N. A., *The Economics of the Welfare State*, Stanford University Press, 1993.

③　Barr, N., Diamond, P., "The Economics of Pensions", *Oxford Review of Economic Policy*, Vol. 22, No. 1, 2006, pp. 15 - 39.

④　Borella, M., Fornero, E., "Adequacy of Pension Systems in Europe: An Analysis Based on Comprehensive Replacement Rates", *Working Paper*, 2009.

⑤　Zaidi, A., "Sustainability and Adequacy of Pensions in EU Countries. A Cross - national Perspective", *European Centre for Social Welfare Policy and Research*, Vienna, 2010.

⑥　Guiso, L., Jappelli, T., Padula, M., "Pension Risk, Retirement Saving and Insurance", *Working Paper*, 2009.

⑦　Hurd, M. D., Rohwedder S., "The Adequacy of Economic Resources in Retirement", *Michigan Retirement Research Center Research Paper*, 2008.

程度。第一个维度是退休人员的收入；第二个维度是退休人群中贫困人口的比例；第三个维度是退休人群在收入和贫困方面的性别差异。尽管用替代率指标衡量社会养老保险的保障水平存在一定的争议，但是这个指标因为计算简单且便于进行国际比较，因此一直被广泛运用于衡量社会养老保险的保障水平。不同的学者对于社会养老保险采用什么样的替代率才能够达到适度的保障水平有不同的看法。国外许多学者认为 70% 到 80% 的替代率可以使老人过上比较可观的生活。①

3. 可持续性问题

随着全球人口老龄化问题的日趋严重，社会养老保险可持续性问题受到国外学者的广泛关注。社会保险可持续性的概念借鉴了联合国 1987 年对可持续发展的定义。所谓可持续发展是指既满足当代人的需要又不影响后代人的利益的发展。传统的观点认为社会保险可持续性是指其在财务上的可持续性，世界银行对社会养老保险财务可持续性的定义是"根据规定的养老金收益率支付目前和未来的养老金收益，既不增加未来的养老保险缴费也不削减未来领取养老金人群的养老金水平，同时还不给政府财政带来负担"②。欧盟委员会对社会养老保险财务可持续性的定义是政府有能力通过未来的社会养老保险基金收入应付目前和以后的社会养老保险养老金支出（Economic Policy Committee，2009b）。柴迪等（Zaidi et al.）认为社会养老金可持续性不仅仅需要财务上可持续，还需要社会可持续。社会养老保险的社会可持续性是指社会养老保险使资源在代际实现平衡分配，确保后代人的社会养老保险资源不比当前这代人的更差。还有学者甚至认为社会养老保险应该在政治上也必须可持续，社会养老保险政治可持续性是指社会养老保险体系中的退休年龄、缴费方式、缴费率和养老金收益等规定内容必须赢得大多数人的支持。③ 综合以上对于社会养老保险可

---

① Alford, S., Farnen, D. B., Schachet, M., "Affordable Retirement: Light at the End of the Tunnel", *Benefits Quarterly*, Vol. 20, No. 4, 2004.

② Holzmann, R., Hinz, R. P., von Gersdorff, H., et al., "Old – age Income Support in the Twenty – first Century: an International Perspective on Pension Systems and Reform", Washington, D. C.: World Bank, 2005.

③ Galasso, V., Profeta, P., "Lessons for an Ageing Society: the Political Sustainability of Social Security Systems", *Economic Policy*, 2004, Vol. 19, No. 38, pp. 64 –115.

持续性的理解可以发现，社会养老保险可持续性包括财务、社会、政治可持续性三个方面的内容，其中社会和政治可持续性包含的内容更加丰富。必须强调的是，如果没有解决社会养老保险财务可持续性的问题，社会和政治可持续性也只是空谈，政府在短期和中期主要是处理社会养老保险财务可持续性的问题。[①]

国外大量学者研究了影响社会养老保险财务可持续性的因素，包括人口、经济和制度本身的设计几个方面，其中人口问题和经济问题是影响社会养老保险财务可持续性的重要因素。[②] 人口方面的主要因素包括人口老龄化、人口出生率下降、人均预期寿命延长。人口老龄化和人均预期寿命延长会导致社会养老保险养老金支出增加，而人口出生率下降会导致社会养老保险养老金收入降低，这几个方面人口因素的叠加会影响社会养老保险的财务可持续。经济方面的因素主要有失业率上升和政府负债加重，世界各个国家的失业率都有上升的趋势，例如欧洲国家 2006 年到 2009 年的平均失业率由 8% 上升到 9%，虽然这段时间处于全球金融危机时期，但是到了 2011 年欧洲国家的失业率上升到了 10%，这些国家的失业率并没有因为经济复苏而降低。另外，从 2009 年以来世界各个国家为了避免经济萧条加大了政府的财政支出，从而使政府的负债变重。[③] 社会养老保险制度本身的设计也会影响其财务可持续性。[④] 发现公共部门管理的养老金收益率不高，大部分情况下养老金实际投资收益率甚至为负数，社会养老保险基金收益率过低也是影响其财务可持续性的重要因素。

二 养老保险对消费影响的研究

自从费尔德斯坦研究了现收现付制社会养老保险体系对个人储蓄和资本积累的影响过后，国外产生了大量文献研究社会养老保险对家庭储蓄或

① Zaidi, A., "Sustainability and Adequacy of Pensions in EU Countries. A Cross – national Perspective", *European Centre for Social Welfare Policy and Research*, Vienna, 2010.

② Zaidi, A., Rejniak, M., *Fiscal Policy and Sustainability in View of Crisis and Population Ageing in Central and Eastern European Countries*, Policy Brief, European Centre, 2010.

③ Galasso, V., Profeta, P., "Lessons for an Ageing Society: the Political Sustainability of Social Security Systems", *Economic Policy*, 2004, Vol. 19, No. 38, pp. 64 – 115.

④ Iglesias, A., Palacios, R., *Managing Public Pension Reserves: Evidence from the International Experience*, New Ideas about Old – Age Security, 2001, pp. 213 – 53.

者消费的影响。费尔德斯坦基于美国的时间序列数据实证研究发现，社会养老保障体系使美国 1971 年的家庭储蓄降低了 38% ，由于时间序列数据无法排除其他影响因素，所以他的估计结果在理论和实证水平上都存在着争议①。

大部分学者认同费尔德斯坦的观点，即社会养老保险降低了家庭储蓄。由于时间序列数据无法排除同时期其他因素的影响，此后的学者大多数采用家庭微观调查数据研究社会养老保险对家庭储蓄的影响。科特利克夫（Kotlikoff）采用美国 1966 年国家统计局的微观调查数据实证研究了社会养老保险财富对家庭储蓄的影响，发现社会养老保险显著地降低了家庭的储蓄。具体来说，社会养老保险财富对私人储蓄的替代率为 − 0.666，这个系数既不等于生命周期消费理论预测的替代率为 1，也不等于凯恩斯消费理论预测的替代率大概 − 0.2 到 − 0.3 之间。莱莫和理查森（Leimer & Richardson）研究了不同财富之间的替代效应，发现社会养老保险财富的下降对私人储蓄有显著的正向影响。前面学者的研究无法克服家庭财富的测量偏差，盖尔（Gale）在采用系统方程模型纠正偏差的情况下，估计了社会养老金对家庭其他财富的替代效应，发现家庭社会养老金对其他财富有更强的替代效应。阿塔纳和布鲁吉（Attanasio & Brugiavini）基于意大利 1992 年的养老金制度改革自然实验，采用差分的方法研究了社会养老保险对私人财富的替代关系，发现社会养老金财富的下降显著提高了储蓄率，通过异质性检验还发现这种替代关系随着年龄的变化而变化，对于 35 岁到 45 岁的人群私人储蓄和社会养老保险金之前的替代关系特别强。但是有些学者认为费尔德斯坦模型中社会养老保险的系数应该为负数或者等于 0。②③

国外大多数学者都是在检验生命周期消费理论基础上研究社会养老保险对家庭消费的影响。基于生命周期消费理论，目前的消费反映了以后的

① Williamson, S. H. , Jones, W. L. , "Computing the Impact of Social Security using the Life Cycle Consumption Function", *The American Economic Review*, 1983, pp. 1036 − 1052.

② Darby, Michael, R. , "The Effects of Social Security on Income and the Capital Stock", Washington, D. C. : *American Enterprise Institute for Public Policy Research*, 1979.

③ Leimer, Dean R. , and Selig D. Lesnoy, "Social Security and Private Saving: New Time − series Evidence", *The Journal of Political Economy*, 1982, pp. 606 − 629.

收入和利率情况，消费将与未来可预见的收入水平无关，所以认为社会养老保险作为可预见的收入将不会影响家庭的消费。但是目前几乎所有的研究均发现社会养老保险提高了家庭的消费水平，认为生命周期消费理论不成立。哈伯德和贾德（Hubbard & Judd）采用模型模拟了社会养老保险制度对个人福利和资本积累的影响，得出社会养老保险体系显著地提高了终身的消费和福利，同时降低了资本积累的结论；威尔克斯（Wilcox）基于美国1965年以后的时间序列数据估计了社会保险对消费的影响，发现社会养老保险收益的提高显著地增加了家庭消费支出，特别是耐用品的消费支出；帕克（Parker）使用美国家庭支出调查数据（CEX）检验了社会保险税缴费额变化对家庭非耐用品消费的影响，发现家庭消费会随社会保险税的变化而改变。具体来说，社会保险税每降低1个百分点会使家庭非耐用品消费提高0.5个百分点；斯蒂芬斯（Stephens）使用美国消费日调查数据研究发现，家庭消费支出金额和消费支出决策的概率均随社会养老保险的领取而增加。

三　养老保险对劳动供给影响的研究

大多数学者研究发现，社会养老保险待遇的提高降低了劳动参与。克豪瑟和特纳（Burkhauser & Turner）使用美国的时间序列数据研究发现，相对于美国1936年建立社会养老保险体系以前的年轻人，美国1936年建立的社会养老保险使年轻人每周工作时间平均下降了2个到3个小时；亨德尔（Gendel）研究发现，美国20世纪70年代养老保险实际保障水平的提高显著降低了老人的劳动参与，但是过去几年由于社会养老保险实际待遇的降低，又提高了老人的劳动参与和工作时间，对65岁以上老人的劳动供给影响特别明显；赫德和波斯金（Hurd & Boskin）使用纵向数据详细分析了美国57岁到68岁的男性在1969年到1973年的劳动参与情况，这个时期刚好是美国实际的社会养老金显著提高的时期，他们发现这段时期老年劳动参与率加速下降可以被解释为这段时期实际的社会养老金的大幅提高；安德鲁（Andrew）基于美国家庭金融调查的数据估计了社会养老保险对接近退休年龄人群退休选择的影响，发现退休时的养老金财富显著地决定了退休的可能性，通过进一步模拟发现，美国二战过后劳动参与率的下降有25%的可能性归根于这段时期社会养老金覆盖率的扩张；阿克塞尔（Axel）采用计量经济学方法研究了整个欧洲的公共养老保险项目与老年劳动参与的关系，发现公共养老保险与老年劳动参与之间存在强烈的负向关系，他认为是欧洲的公共养老保险项目对老年劳动者选择提前退休产生了激励效应；伯特兰等（Bertrand et al.）发现南非老人从社会养老保险项目中得到现金转移支付后，与老人居住在一起的年轻家庭成员劳动供给时间也会显著下降；巴西 1991 年的社会养老保险改革将男性的最低领取年龄由 65 岁降低为 60 岁，将女性的最低领取年龄由 65 岁降低为 55 岁，同时将养老金的待遇由最低工资的 50% 提高到 100%，这次社会养老保险改革显著降低了农村老人的劳动供给，同时降低了 10 岁到 14 岁女孩的劳动参与率和提高了她们的入学率，但是对 10 岁到 14 岁的男孩并没有影响。[1][2]

还有部分研究发现，降低社会养老保险保障水平对老人劳动参与产生了正向的激励作用。由于人口老龄化给现收现付制的养老体系带来了财政负担，许多发达国家都对现有社会养老保险体系的参数进行了改革，例如美国 1977 年社会保险法案降低了 1916 年出生以后人群的养老金实际收入，1983 年又对该法案进行了关于提高正式退休年龄的补充修改，其他国家如日本、新西兰、西班牙等也对社会养老保险体系进行了修改。大多数国家改革的目的都是降低目前社会养老保险体系的慷慨性，从而间接地鼓励老年人参与劳动。[3] 维尔（Vere）使用美国健康与退休的调查数据（HRS）实证研究发现，劳动参与对社会养老金的弹性显著为负数，并认为美国 1977 年社会保险法案的修改提高了老人的劳动参与。马斯特罗（Mastrobuoni）研究发现，美国国会于 1983 年增补的增加正式退休年龄的法案，由于这项政策降低了老人社会养老保险的财富，从而提高了老人的劳动参与。仁科贵等（Takashi et al.）通过模拟日本的历史数据发现，日本从 1985 年开始的养老保险改革显著地鼓励了老人工作更长时间；马丁

---

① De Carvalho Filho, I. E., "Old – age Benefits and Retirement Decisions of Rural Elderly in Brazil", *Journal of Development Economics*, Vol. 86, No. 1, 2008, pp. 129 – 146.

② De Carvalho Filho, I. E., "Household Income as a Determinant of Child Labor and School Enrollment in Brazil: Evidence from a Social Security Reform", *Economic Development and Cultural Change*, Vol. 60, No. 2, 2012, pp. 399 – 435.

③ Martín, Alfonso R. Sánchez, "Endogenous Retirement and Public Pension System Reform in Spain", *Economic Modelling*, Vol. 27, No. 1, 2010, pp. 336 – 349.

（Martín）通过建立迭代模型研究了西班牙的养老保险改革，也发现养老金待遇的下降提高了西班牙老人的劳动参与。新西兰 1990 年 11 月对原有的社会养老保险体系进行了改革，改革的内容是缩减养老金的待遇和使领取养老金的条件更加严格，这项改革增加了新西兰总体的劳动供给①；但是也有少部分研究发现社会养老保险保障水平的降低并没有鼓励老人提高劳动参与。例如，克鲁格和皮塞克（Krueger & Pischke）采用美国目前人口调查数据（CPS）估计了美国 1977 年社会保险法案修订对老人劳动供给的影响，发现社会保险养老金的降低并没有扭转 1916 年到 1921 年出生的人群劳动参与下降的趋势。

　　只有少量研究发现社会养老保险提高了劳动供给。通常来说年轻人加入社会养老保险项目需要进行缴费，养老保险缴费会产生替代效应和收入效应。替代效应倾向于让人们提高劳动供给，而收入效应则倾向于降低劳动供给，社会养老保险对劳动供给影响的大小取决于两种效应的相对大小。鲁姆（Ruhm）基于美国退休历史调查数据（RHS）研究了社会养老保险覆盖同劳动供给之间的关系，发现社会养老保险覆盖对 50 岁到 60 岁人群之间的劳动供给有正相关关系，对 62 岁到 64 岁人群的劳动影响有限，而对 65 岁到 69 岁的人群劳动供给有显著的负向影响。

四　养老保险中的逆向选择问题研究

　　1970 年美国经济学家阿克尔洛夫（Akerlof）首次提出了"柠檬市场"的概念，并与洛希尔和斯蒂格利茨（Rothschild & Stiglitz）、威尔逊（Wilson）共同为信息不对称和逆向选择理论研究做出了突出贡献。洛希尔和斯蒂格利茨、威尔逊的经典文献指出，由于被保险人掌握风险发生的私人信息，保险市场上的信息不对称会导致逆向选择，即给定保险合同价格，风险越高的人越倾向购买，均衡情况下的保险供给低于帕累托有效水平。② 在新农保等养老保险或年金计划中，高风险人群是寿命长的人，按

---

　　① Maloney, Tim, "The Impact of Welfare Reform on Labour Supply Behaviour in New Zealand", *Labour Economics*, Vol. 7, No. 4, 2000, pp. 427 – 448.

　　② 安纳夫和斯汀（Einav and Finkelstein）提供了关于保险市场逆向选择的均衡和效率分析一般性模型。

照自愿选择统一定价的保险可能会使预期寿命高的人选择参与或购买更高档次的保险。如果由市场提供保险，会导致保险提供不足，如果由政府提供保险，则会导致社会保险计划不可持续。关于逆向选择的验证，通常是检验购买保险的数量或赔付是否与被保险人的风险正相关。[1][2][3] 由于我们通常观察到的是事后风险，因此这种相关既可能是逆向选择也可能是道德风险导致的，一般来说很难区分，但是由于可以合理假定在养老保险市场中不存在道德风险[4]，所以该市场被认为可以较为准确地验证逆向选择。考利和托马斯（Cawley & Tomas）对生命保险市场和查波利和萨拉尼（Chiappori & Salanie）对汽车保险市场的考察说明，或许是因为被保险人对自身风险的私人信息掌握得并不准确，逆向选择在这两个市场上并不显著。在养老保险市场上，尽管没有发现保额和保险人寿命之间的相关关系，芬克斯坦和波特巴（Finkelstein & Poterba）通过使用英国保险公司的商业数据发现，寿命长的保险人更倾向购买支付随年龄增长而增长的合同（back-loading），寿命短的保险人更倾向购买保险可继承的合同。不过由于只能观察到参保人的年龄和性别，他们无法确定观察到的选择是基于偏好（preference-based selection）还是风险（risk-based selection）。通过计算年金合同的价值（money's worth），米切尔等（Mitchell et al.）发现美国主要保险公司提供的合同对于参保人群的价值高于未参保人群。通过比较各国养老保险参保和未参保人群的预期寿命，麦克和米切尔（McCarthy & Mitchell）认为英国、日本和美国的年金市场上存在逆向选择问题。

---

① Chiappori P. A., "Collective Labor Supply and Welfare", *Journal of Political Economy*, Vol. 100, No. 3, 1992, pp. 437 – 467.

② Puelz R., Snow A., "Evidence on Adverse Selection: Equilibrium Signaling and Cross – subsidization in the Insurance Market", *Journal of Political Economy*, 1994, Vol. 102, No. 2, pp. 236 – 257.

③ Dionne G., Fombaron N., "Non – convexities and the Efficiency of Equilibria in Insurance Markets with Asymmetric Information", *Economics Letters*, Vol. 52, No. 1, 1996, pp. 31 – 40.

④ Philipson T. J., Becker G. S., "Old – age Longevity and Mortality – contingent Claims", *Journal of Political Economy*, Vol. 106, No. 3, 1998, pp: 551 – 573.

第二节　国内文献研究

一　养老保险的"覆盖率，保障水平，可持续性"研究

1. 覆盖率问题

相对于国外的研究，我们国家专门针对社会养老保险覆盖率的文献并不多。段程遥采用省级面板数据建立多元线性模型研究了社会养老保险覆盖率的影响因素，结果显示社会养老保险覆盖率同教育水平正相关，而家庭规模和人均可支配收入对社会养老保险覆盖率有负向的影响。郑军基于2003 年到 2010 年的相关数据，从纵向和横向对农村社会养老保险覆盖率进行了分析，指出制度模式、收入水平等因素是农村养老保险覆盖率低的重要因素。

大量的文献对新农保的参保行为进行了研究。吴玉锋从社会资本和社会互动的角度，钟涨宝从宣传动员的角度，姚俊从理性选择、外部激励的角度，王国辉从新农保制度的角度，穆怀中从对制度信任的角度，分别研究了新农保的参保行为。另外一些学者从人口社会学特征和家庭特征的角度研究了农村居民对新农保的参保行为。①②③④⑤⑥

农民工的社会养老保险覆盖问题也受到了许多学者的关注。姚俊基于江苏五地的调查数据采用实证模型研究发现，年龄、户籍现状、换单位次数成为影响农民工社会养老保险参保类别选择的显著因素；郭瑜从替代率的角度研究了农民工对新农保和城镇职工养老保险选择的影响因素，发现

①　刘辉、徐利群：《农民参加新型农村养老保险意愿影响因素的实证分析——基于湖南省428 位农民的调查》，《农村经济》2014 年第 2 期。

②　黄宏伟、展进涛：《收入水平、成员结构与农户新农保参加行为——基于全国 30 省（区、市）4748 户农户数据的实证分析》，《中国农村经济》2012 年第 12 期。

③　常芳、杨矗，王爱琴等：《新农保实施现状及参保行为影响因素——基于 5 省 101 村调查数据的分析》，《管理世界》2014 年第 3 期。

④　封铁英、高鑫：《新农保政策主导下的农村养老方式选择偏好及其融合效应研究》，《经济社会体制比较》2013 年第 6 期。

⑤　封铁英、戴超：《以需求为导向的新型农村养老保险参保意愿与模式选择研究》，《人口与发展》2010 年第 6 期。

⑥　邓大松、李玉娇：《制度信任、政策认知与新农保个人账户缴费档次选择困境——基于Ordered Probit 模型的估计》，《农村经济》2014 年第 8 期。

新农保替代率低但是缴费也低，城镇职工养老保险替代率高但是缴费也相对较高；汪兆旗研究了农民工养老保险覆盖率低的原因，制度上的城乡分割、企业对养老保险责任的规避、农民工认识短视等因素共同造成了农民工养老保险覆盖率低。

2. 保障水平问题

我国部分学者在社会养老保险的目标替代率方面展开了讨论。邱东认为我国目前养老金替代率为 55% 左右为宜，其依据是世界范围内养老金的替代率一般都在 60% 左右；李珍认为基本养老保险采用社会平均工资替代率，并将替代率定为 60% 的水平时就可以达到保障退休老人基本生活水平的目的；穆怀中同样采用社会平均替代率，提出养老金目标替代率设为农民劳均收入的 50% 能够起到适度保障水平的目标；黄丽也提出将养老金目标替代率设定为农村居民人均纯收入的 50%，城乡居民养老保险能够实现"保基本"的政策目标。

有些学者还对影响社会养老保险保障水平的因素进行了研究。李珍定量分析了我国基本养老金制度中的个人账户收益率对替代率的影响，发现个人账户收益率对替代率有重要的影响，提高收益率是替代率的重要保证。其他学者的研究还发现，参保年龄、缴费档次的选择、收入增长率和缴费方式等都对个人账户替代率水平有较大影响。[1][2][3][4]

还有学者对我国新农保制度的保障水平进行了研究，但是他们的结论并不一致。刘海宁和孙雅娜认为目前开展的新型农村养老保险制度给付水平是适度的，达到了保障农民基本生活水平的目的，但是还有其他学者认

---

① 贾宁、袁建华：《基于精算模型的"新农保"个人账户替代率研究》，《中国人口科学》2010 年第 3 期。

② 邓大松、薛惠元：《新型农村社会养老保险替代率的测算与分析》，《山西财经大学学报》2010 年第 4 期。

③ 张海川、郑军：《2001—2009：我国农村养老保障适度水平研究》，《保险研究》2011 年第 7 期。

④ 朱方圆、张庆君：《农村居民最低养老水平财政保障程度分析——以辽宁新农保试点为例》，《农村经济》2013 年第 9 期。

为目前新农保制度的保障水平不足。①② 聂建亮研究发现新农保制度保障不足的原因在于个人缴费水平过低。

3. 可持续性问题

人口方面的因素对养老金可持续性的影响在实证方面也得到了支撑。封铁英采用 VAR 模型分析了我国人口老龄化对财务可持续性的影响，发现人口老龄化的程度对农村养老金可持续性有显著的负向冲击，老年抚养比提高对农村养老金的负向冲击效应大于老龄化的影响。殷俊也发现老年抚养比同养老金基金缺口存在关系。封铁英发现社会养老保险参保率、个人缴费、养老金发放方式和养老保险基金收益率对社会养老保险可持续性也有影响。

我国也有一些学者研究了新农保制度基金平衡和对政府财政负担影响的问题。钱振伟对新农保基金收支平衡进行了仿真和评估，仿真的结果显示未来 30 年新农保基金将收不抵支；薛惠元运用整体法构建了新农保基金收支平衡精算模型，分析了新农保个人账户的基金平衡问题，发现从 2049 年开始个人账户基金将出现缺口。在新农保政策对政府财政负担影响方面，大多学者认为在现行制度下新农保政策给政府带来的财政负担不大。③④⑤⑥ 也有学者认为总体来说，新农保政策对政府的财政负担不大，但是对各个地区的财政压力存在显著的差异⑦，新农保政策对经济欠发达

---

① 邓大松、薛惠元：《新型农村社会养老保险替代率的测算与分析》，《山西财经大学学报》2010 年第 4 期。

② 朱方圆、张庆君：《农村居民最低养老水平财政保障程度分析——以辽宁新农保试点为例》，《农村经济》2013 年第 9 期。

③ 李俊：《城镇化、老龄化背景下新型农村养老保险财务状况研究：2011—2050 年》，《保险研究》2012 年第 5 期。

④ 郭光芝、杨翠迎、冯广刚：《国家新农保制度中政府财政责任的动态评估——基于国际经验的比较分析》，《人口与经济》2014 年第 2 期。

⑤ 蒋云赟：《我国新型农村养老保险对财政体系可持续性的影响研究——基于代际核算方法的模拟分析》，《财经研究》2011 年第 12 期。

⑥ 薛惠元：《新型农村社会养老保险财政保障能力可持续性评估——基于政策仿真学的视角》，《中国软科学》2012 年第 5 期。

⑦ 黄丽、罗锋、刘红梅：《城乡居民社会养老保险政府补贴问题研究——基于广东省的实证研究》，《人口与经济》2014 年第 3 期。

地区的财政压力不容忽视。①

二　养老保险对消费影响的研究

部分学者研究了城镇职工养老保险对家庭消费的影响。白重恩等使用城镇住户调查 2002 年到 2009 年 9 省市的数据，采用工具变量法实证研究发现，2006 年前提高社会养老保险覆盖率有助于刺激家庭消费，而提高养老金缴费率会显著抑制家庭的消费。邹红等利用 2002 年到 2009 年广东省城镇住户调查数据分析社会保险参与率和缴费率对城镇家庭消费的影响，也得出了养老保险缴费降低了家庭消费的结论。养老保险缴费率每提高 1%，将使家庭消费平均降低 2.58%，她们给出的解释是养老保险缴费的提高降低了当期的家庭收入，从而抑制了当期的消费支出。陈静基于中国家庭金融调查的数据实证研究发现，持有基本养老保险家庭的衣物和耐用品消费支出显著高于未持有基本养老保险的家庭。

已经有部分学者研究新农保制度对消费的影响。有些学者采用宏观加总数据或者理论模型研究新农保制度对家庭消费的影响。范辰辰以山东 2007 年到 2012 年各个区县的面板数据为样本，采用双重差分的方法检验了新农保制度对农村居民消费的影响和其中的机制，发现新农保对农村居民消费有显著的刺激效应，其中影响的机制是新农保提高了农村居民的消费意愿而非消费能力，从而提高了消费水平。刘远风运用湖北省 50 个县域的经济数据，通过构建倍差法模型估计了新农保对扩大内需的作用，发现新农保对于扩大内需有显著的效应；于建华运用新农保试点前后 6 年的国家统计局各地区的面板数据建立面板数据线性模型实证分析了新农保对居民消费水平的影响，他们的研究结果表明参保缴费人数和待遇领取人数与农民消费水平有比较弱的正向关系，而新农保制度建立与否对农民的消费水平影响不显著。李慧基于调研数据采用结构方程模型实证研究了新农保对农民消费的影响，得出新农保对农民消费有正负两方面影响的结论，并且认为新农保在不同的经济发展阶段对消费的影响作用不同。李时宇通过多阶段世代交叠一般均衡模型量化分析了城乡居民社会养老保险的短期

---

① 程杰：《新型农村养老保险制度的财政负担测算——兼论"十二五"期间实现全覆盖的可行性》，《社会保障研究》2011 年第 1 期。

和长期经济效应，发现城乡居民养老保险使社会总消费在短期上升
0.4%，同时在现有基础养老金水平下，参保人群消费水平在短期和长期
分别会提高3%和1%。由于宏观加总数据无法避免回归模型中可能存在
的内生性问题，而理论模型的结果受参数选择的影响很大，所以他们得到
了不一致的结论。因此，有部分学者采用微观数据研究这个问题。薛惠元
基于湖北省605份调查问卷分析了新农保制度的效果，发现新农保制度对
消费有一定的提高作用。岳爱等基于中国科学院农业政策研究中心和西北
大学西北社会经济发展研究中心的调查数据，采用新农保制度实施的时间
作为工具变量估计了新农保实施后对参保家庭日常费用支出的影响，同时
还采用倾向得分匹配的方法对结果进行了稳健性检验，两种计量模型的结
果均表明新农保提高了参保家庭的日常消费支出。马光荣使用中国家庭追
踪调查（CFPS）2010年和2012年的面板数据考察了新农保对家庭储蓄和
消费的影响，发现领取新农保养老金待遇对消费产生了显著的促进作用。
张川川使用中国健康与养老追踪调查数据，采用断点回归和双重差分模型
的识别策略评估了新农保政策的效果，研究结果也显示领取新农保养老金
在一定程度上促进了家庭消费。贺立龙基于中国健康与养老追踪调查
2011年的数据采用多元线性回归模型分析了新农保对消费的增进效应，
实证结果表明新农保参保家庭的日常消费支出显著高于未参保家庭，新农
保对家庭成员平均年龄在60岁以上的家庭消费的增进效应高于家庭成员
平均年龄在60岁以下的家庭。

三　养老保险对劳动供给影响的研究

我国只有少量学者研究养老保险对劳动供给的影响，由于使用的数据
和采用的方法不同，他们得出了不同的结论。程杰利用农村住户抽样调查
数据分析了中国养老保障制度对劳动行为决策的影响，他的研究表明养老
保险覆盖降低了劳动参与率和劳动供给时间，养老金待遇虽然不会大幅度
降低农业劳动参与率，但是会使农业劳动供给水平显著下降。朱浩基于中
国健康与养老追踪调查2011年的基线调查数据，采用Logit模型考察了社
会保险对城乡低龄老人就业的影响，他们的结果显示，养老金待遇水平对
低龄劳动者的就业行为有显著的影响。车翼运用青岛市抽样调查数据，通
过Logistic模型实证分析了老年劳动者劳动供给行为的影响因素，发现有

养老金的劳动者会提供更多的劳动供给，他的解释是有养老保险的劳动者更能够安心地提供劳动。他没有对养老保险缴费和领取进行区分，所以得出的结论比较粗略。

我国有部分学者研究了领取新农保养老金对劳动供给的影响。黄宏伟等利用农村固定观察点2011年抽样调查数据，运用Tobit模型分析了新农保养老金收入对农村老人劳动供给的影响，他们的结果表明，新农保养老金待遇对老人的劳动参与没有影响，但是明显减少了农村老人的劳动供给时间；王文静利用2011年中国健康与养老追踪调查全国基线调查数据分析了不同养老模式对农村老人劳动供给的影响，结果发现虽然新农保养老金收入可以降低农村老人的劳动供给时间，但是由于新农保覆盖率过低等问题，导致其对农村老人劳动供给时间的减少程度有限；解垩基于中国健康与养老追踪调查两省试调查面板数据，采用差分断点的方法系统评估了新农保对农村老人劳动供给等的影响，结果显示新农保制度对农村老人劳动决策和劳动供给时间没有影响，其原因可能在于新农保政策补助强度不足，所以政策在短期内效果不明显。

四　养老保险中的逆向选择问题研究

国内学者逐渐重视对保险市场中逆向选择问题的研究，但是很少研究养老保险中的逆向选择问题。张欢通过构造逆向选择程度的指数，研究了北京市海淀区社会保险的逆向选择问题，并发现个人对短期风险有比长期风险更强的风险规避偏好，因此在养老和失业保险中的逆向选择问题更为严重。他们发现投保人会依据自身风险水平购买保险。我国部分学者研究了医疗保险市场上的逆向选择问题。朱信凯、彭廷军研究了新型农村合作医疗中的逆向选择问题，并发现依据风险分类定价而非简单的要求强制参与对解决目前新农合中的逆向选择问题更为有效。臧文斌等利用城镇居民基本医疗保险试点评估调查的数据，论证了逆向选择问题的存在，并发现健康状况较差的城镇居民更倾向于参加城镇居民基本医疗保险，并且保险对住院服务的利用率影响大于门诊。刘宏、王俊通过对中国居民购买商业医疗保险行为的研究，发现城乡居民都存在显著的逆向选择行为。

第三节　研究评述

通过回顾以往文献可以看出，由于国外的社会养老保险制度与我国的新农保制度有非常大的差异，本书只能借鉴国外学者的相关研究方向和研究方法。目前我国已有文献对新农保的研究，对于本书有着非常重要的借鉴意义，但是现有文献对新农保制度的研究还有以下几个方面值得改进：

第一，以往研究没有全面地考虑新农保制度设计中的"保基本，广覆盖，有弹性和可持续"四大政策目标的实践效果和相互之间的关系。目前多数学者只对新农保制度设计的"广覆盖，保基本和可持续"中的保障水平和可持续性进行了研究，还没有人研究新农保的覆盖率问题。并且也只对制度设计中保障水平和可持续性中的某一个方面进行了研究，没有考虑新农保制度设计目标的系统性、全面性，所以无法回答新农保制度设计目标是否能够同时实现的问题。养老保险的覆盖率、保障水平和可持续是相互联系的整体，如果只研究其中一个问题，得出的结论可能有偏颇，相应的政策建议也不够全面。

第二，部分学者在研究新农保政策的保障水平和可持续性时没有对新农保政策中的政府和个人的责任进行区分。新农保养老金待遇由基础养老金和个人账户养老金组成，其中基础养老金由政府负责支付，而个人账户养老金来源于个人缴费。如果将两者混在一起分析，得出的新农保保障水平和可持续性的结论有待商榷，也无法对政府补助和个人缴费部分的保障水平和可持续性进行分别考察。

第三，虽然目前已经有不少学者研究新农保对个人和家庭行为的影响，但是还缺少从福利效应和保险作用两方面来分析新农保制度问题。现有研究大多数没有对参加新农保缴费和领取新农保养老金进行区分，就算部分学者对两者进行了区分，也只研究了其中的一个问题，所以无法全面认识新农保制度在社会保障体系中的作用和地位。虽然参加新农保缴费和领取新农保养老金同样是被新农保覆盖，但是二者对家庭和个人行为的影响机制不同，应该分别进行考察。另外，现有研究没有对家庭进行分组，而新农保制度对不同类型的家庭影响可能不同。

第四，新农保中的"有弹性"制度设计可能产生逆向选择的问题。

根据新农保制度的设计，农村居民可以自愿选择参保和缴费档次，因此可能产生逆向选择的问题，即预期寿命越高的人越可能参加新农保和选择更高的缴费档次。在本书之前，还没有文献对这个问题从理论和实证方面进行回答。因此，对该问题的研究既是在不同保险市场上检验了逆向选择问题的存在，也是对影响新农保个人账户基金可持续性的因素进行了考察。

第五，在研究方法上，现有研究采用的定量分析方法相对简单，同时实证的结果也缺乏相应的理论基础。许多学者在研究新农保对家庭和个人行为影响时直接采用多元线性模型进行回归分析，没有考虑模型可能存在的内生性问题导致的估计结果不可信，同时在实证模型之前也缺乏相应的理论模型作为支撑，以至于不同的学者对于同样问题的研究可能因为采用的数据不同得出了不同的结论。同时，他们还没有对实证结果中的传导机制和异质性进行分析。

第六，目前国内大多数学者对新农保制度研究使用的数据不具备全国代表性，所以得出的结论也值得进一步检验。在使用数据的时间维度上，部分研究使用了 2011 年及以前的数据，而新农保政策在 2012 年底才在全国所有地区开展试点，所以已有研究的数据在时间上不能代表新农保在全国开展以后的结果；在使用数据的空间维度上，大多数学者采用自己抽样调查的数据，这种数据有利于对其感兴趣的问题进行专题研究，但是这种数据往往只在少数几个地区进行调查，不能代表全国的平均水平，同时也无法保证获取到的数据是否是随机的样本。如果不是随机样本，实证的估计结果也可能存在偏差和不一致。由于现有研究没有使用新农保制度全面开展过后的全国代表性数据，因而无法计算新农保中比较重要的覆盖率指标，也无法分析新农保制度对不同人群的影响。

基于以上分析，本书从以下几个方面研究新农保制度实施效果的问题。（1）基于世界银行对养老保险的评估框架，对新农保制度设计效果进行评估。采用宏观和微观数据对新农保的覆盖率、保障水平和可持续进行系统、全面的研究，并且对新农保中的政府和个人责任进行区分。（2）从养老保险的经济学原理角度，考察新农保制度对家庭消费和劳动供给的影响。从理论和实证两个方面进行研究，在实证方法上采用了断点回归、面板数据模型、工具变量法等最新的计量经济学方法以克服模型中可能存在的内生性问题，得到更加可靠的估计结果。同时对不同的家庭类型做出了异质性检验，对新农保制度有更为全面的理解。（3）从理论和实证两个方面对新农保制度设计中可能存在的逆向选择问题进行了检验，并且分析了逆向选择问题对个人账户基金可持续性的影响。（4）从整体上考察新农保制度设计的目标，分析新农保制度在我国社会保障体系中的地位和作用。因此，本书的研究具有非常重要的理论和现实意义。

第 四 章

新型农村社会养老保险制度
设计效果评估

在人口老龄化背景下，世界上中低收入国家的养老保险面临着一些共同的挑战，比如覆盖缺口大、保障水平低和可持续性差。[①] 世界银行在总结这些国家经验的基础上提出了一套系统的框架来评估养老保险制度设计和实施效果：包括覆盖（coverage）、保障水平（adequacy）和可持续性（sustainability）。本章将采用这个框架评估新农保的制度设计效果和执行情况。第一节，评估了新农保的覆盖情况。主要采用宏观统计数据计算新农保的总体覆盖率，同时使用全国代表性微观调查数据计算新农保分地区和人群的覆盖情况，最后采用计量经济学模型考察影响农村居民参加新农保的因素。第二节，评估了新农保的保障水平。采用保险精算仿真的方法分别计算了新农保中政府基础养老金和个人账户养老金的保障水平，使用微观调查数据计算了新农保养老金分地区和人群的实际保障水平。第三节，评估新农保的可持续性。从政府财政支出和个人账户养老金的角度评估了新农保的可持续性，采用对主要指标进行国际比较的方法评估新农保在政府财政支出方面的可持续性，使用保险精算仿真的方法评估个人账户养老金的可持续性。第四节，对新农保制度设计中"保基本，广覆盖和可持续"的目标进行了整体讨论。

---

① Dorfman, M., Palacios, R., *World Bank Support for Pensions and Social Security*, The World Bank, 2012.

第一节　新型农村社会养老保险覆盖情况评估

中低收入国家社会养老保险面临的首要挑战是覆盖缺口比较高。低收入国家大约只有10%的人群加入养老保险项目，全球60岁以上人群中不足25%的能够领取养老金，近年来中等收入国家的社会养老保险覆盖率也一直没有提高。[①] 中国2009年以前的农村社会养老保险也有类似的情况，"老农保"参保人数最多的时候覆盖的农村人口也不足10%，并且随着时间的推移覆盖情况还有下降的趋势。覆盖率是养老保险中非常重要的问题，理由有两点：第一，作为社会福利制度，对政策目标人群覆盖面当然越广越好；第二，在中低收入国家，老年人或者临近退休的人群因为收入低、储蓄不足，低覆盖率将导致大量老人陷入老无所养的境地。

因此，新农保制度设计把"广覆盖"当作最重要的政策目标，本章也选择覆盖率作为新农保制度评估的起点。首先，本节使用国家统计的宏观数据分析新农保的覆盖情况，这种数据的优点是可以覆盖到全国，而且在时间上容易追踪，能够提供关于新农保覆盖的总体描述。不过这一数据无法提供关于不同人群的覆盖情况。其次，本节通过使用微观调查数据，从人口社会学特征、家庭特征、地区特征等角度，考察新农保分人群的覆盖情况。最后，本节通过计量经济学方法考察了农村居民对新农保的参保行为。除了政策的执行力度之外，政策目标人群的参保行为也会影响覆盖率。

一　养老保险覆盖率计算指标

原则上，养老保险覆盖率是指参加养老保险的总人数占符合参加养老保险的总人数的比例，即

$$覆盖率 = \frac{参加养老保险的总人数}{符合参加养老保险的总人数}$$

[①] 数据来源于多夫曼（Dorfman）的文章。

具体到新农保中，农村居民参加新农保的方式会因为年龄的不同而不同：60 周岁以下的农村居民参加新农保需要按年缴费，而政策规定在政策实施时已年满 60 周岁，可以领取新农保养老金，其符合条件的子女应当参加新农保缴费。因此计算新农保的覆盖率时应当分别计算 60 周岁以下人群参加新农保缴费的覆盖率和 60 周岁以上人群领取新农保养老金的覆盖率，这分别表示了新农保的参保覆盖状况和保障水平执行情况，后文的考察将一直按照这种方式分别报告两组人的覆盖情况。

二 新农保总体覆盖情况

新农保制度在行政区域上快速实现了广覆盖。新农保制度的试点工作从 2009 年开始，当年仅仅试点全国 10% 的县（市、区、旗），以后试点范围逐步扩大，到 2012 年末全国 2853 个县级行政区全面开展了新农保工作。① 从新农保制度试点到全国所有县级行政区域全面开展，仅仅用了三年时间。

新农保制度开展的时间虽然比较短，但是新农保的参保人口增长非常迅速。根据人力资源和社会保障部（以下简称"人社部"）事业发展统计公报的数据②，新农保制度从试点到 2010 年末参保人数达到 10277 万人，其中有 2863 万人领取新农保养老金。到 2011 年末，参加新农保的人数达到 33182 万人，比 2010 年末参加新农保的人数增加了 222%，领取新农保养老金的人数也达到 8525 万人，比 2010 年末领取新农保待遇的人增加了 197%。

虽然人社部事业发展统计公报 2012 年以后公布了城乡居民养老保险参保人数，即新农保和城镇居民养老保险合并的数据，但是城乡居民养老保险中主要参保人员仍然是新农保的参保人员。根据吴邦国在第十二届全国人民代表大会第一次会议工作报告中公布的数字，到 2012 年底新农保

---

① 信息来源：2012 年人力资源和社会保障部事业发展统计公报。

② 人力资源和社会保障部事业发展统计公报 2011 年以前公布的是新农保的参保和领取待遇的人数，由于我国 2011 年开展了城镇居民养老保险（覆盖的范围是没有参加城镇职工养老保险的城镇居民），所以统计年报 2012 年及以后公布的是城镇居民养老保险和新农保合并的数据，称为城乡居民养老保险。

的参保人数为 4.6 亿人①，而 2012 年底城乡居民养老保险的参保人数为
4.837 亿人，参加新农保的人数占整个城乡居民养老保险人数的 95.1%，
所以通过本节分析得出有关 2012 年的结论仍然只适用于新农保，而不反
映城市养老保险的情况。

图 4—1 是 2010 年到 2014 年参加新农保缴费和领取新农保养老金的
覆盖率。通过图 4—1 我们可以看到下列现象：（1）2010 年到 2012 年参
加新农保缴费和领取新农保养老金覆盖率的上升幅度最快，这是因为从
2009 年到 2012 年新农保制度试点范围的逐步扩大，试点范围扩大的过程
中参加新农保缴费和领取新农保养老金的人数也在不断增加；（2）2012
年到 2014 年参加新农保缴费和领取新农保养老金的覆盖率保持了上升，
但是趋势趋于平缓，上升幅度不如 2012 年之前；（3）领取养老金待遇覆
盖率明显高于参加新农保缴费覆盖率，这是因为新农保在试点过程中，对
于年满 60 周岁以上的农村居民直接发放了基础养老金，这是一种"普惠
制"福利，所以这部分人群的覆盖率水平较高；缴费覆盖率低的原因是，
许多年轻人没有选择加入新农保，本书后面会对这个问题进行详细讨论。

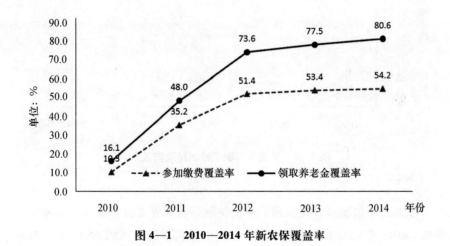

图 4—1　2010—2014 年新农保覆盖率

资料来源：2010—2014 年人力资源和社会保障部事业发展统计公报。

注：2012 年以后的数据是城乡居民养老保险合并的数字。

————————

① 数据来源：http://v.ifeng.com/v/wbgbgfh/。

国外有学者①②担心提高非正规就业部分人群的养老保险覆盖率有可能对劳动市场造成扭曲，使正规部门就业人群转向非正规就业部门人群的养老保险体系，因为尽管正规部门保障水平高，但缴费比例也高，这种转移将使整个社会的养老保险保障水平下降。为此，本书也考察了新农保执行以后城镇职工养老保险覆盖率的变化。图4—2是2010年到2014年城镇在职职工养老保险覆盖率，这段时间城镇在职职工养老保险覆盖率依然在稳步提高，在新农保覆盖率增长最快的2010—2012年间，城镇在职职工养老保险覆盖率并没有出现下降或者增长放缓的迹象，这可能是因为两种保险的保障水平差异太大导致的，所以至少在总量上中国目前并不需要担心新农保对城镇职工养老保险的"挤出"问题。

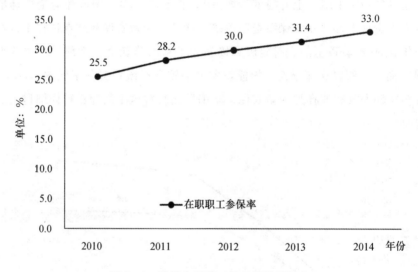

图4—2 城镇在职职工养老保险覆盖率

资料来源：国家统计局。

综上，参加新农保缴费覆盖率和领取新农保养老金覆盖率上升幅度非常快，2014年底领取新农保养老金待遇的覆盖率已经达到80.61%，基本

---

① Asher, M. G. , "Social Pensions in Four Middle-income Countries", *Closing the Coverage Gap*, *Working Paper*, 2009.

② Holzmann, R. , Packard, T. , Cuesta, J. , "Extending Coverage in Multipillar Pension systems: Constraints and Hypothese, Preliminary Evidence and Futrue Research Agendea", *World Bank Social Protection Discussion Paper*, 2000.

实现了广覆盖，离新农保的全覆盖目标非常近。参加新农保缴费的覆盖率还不是特别高，2014 年底参加新农保覆盖率只有 54.19%，进一步提高参加新农保缴费覆盖率是实现"广覆盖"目标需要努力的方向。

虽然从宏观数据可以发现新农保是我国目前覆盖人口最多也是最近几年覆盖人口增长最快的一种社会养老保险，但是从宏观的加总数据无法反映新农保覆盖的人口特征、家庭特征和地区之间的差异。接下来将采用微观数据对相关的问题进行补充回答。

三 新农保分地区分人群的覆盖情况

本节采用微观数据分析新农保在不同人群和地区的覆盖情况。本书采用了中国家庭追踪调查（以下简称"CFPS 数据"）以及中国健康与养老追踪调查（以下简称"CHARLS 数据"）的微观调查数据，这两个数据都包含有个人水平的养老保险和个人、家庭各方面的详尽信息，同时也采取追踪调查的方式，可以为参保行为提供随时间变化的信息。不同点在于CFPS 调查时间是 2010 年和 2012 年的，CHARLS 跟踪的是 2011 年和 2013年的情况。另外，CFPS 数据的调查总体是各个年龄段人口及家庭信息，而 CHARLS 数据可以重点反映有家庭成员在 45 岁以上的家庭信息，当我们的关注点在于已退休和临近退休的人群时，CHARLS 数据具有样本量上的优势，但如果想了解年轻人群的参保行为，就只能使用 CFPS 数据。由于 CFPS 和 CHARLS 数据反映的是不同年龄的家庭和人口信息，所以 CF-PS 与 CHARLS 数据分析的结论不能直接对比。2012 年 CFPS 数据和 2011年及 2013 年 CHARLS 数据中包含了非常详细的新农保参保及领取信息，而 2010 年 CFPS 数据关于新农保的信息相对而言比较少，并且问卷中相应的问题为农村社会养老保险的问题。理论上来说，农村社会养老保险包括新农保和老农保，但是从 CHARLS 数据中可以发现参加老农保的人比较少，2010 年 CFPS 数据中的农村社会养老保险主要是由新农保构成，所以也将 2010 年 CFPS 的数据包含在本书的新农保覆盖问题的分析中。

根据新农保制度规定的参保范围为"年满 16 周岁（不含在校学生）、未参加城镇职工基本养老保险的农村居民，可以在户籍地自愿参加新农保"，本书将微观数据分析的样本限定在 16 周岁以上非在校学生且没有参加城镇职工养老保险的农村居民。另外新农保制度规定新农保制度实施时年满 60 周岁不需要缴纳养老金就可以享受新农保待遇按月领取养老金，而 60 周岁以下农村居民参加新农保需要按年缴纳养老金，所以本书以是否年满 60 周岁为标准，将样本中的人群分为两类：一类是 60 周岁以下人群，分析他们参加新农保缴费的覆盖率与每年缴费的情况；另一类是 60 周岁以上人群，分析他们领取新农保养老金覆盖率和每个月领取的养老金，这可以反映新农保对 60 周岁以上人群的保障水平。本书将从人口社会学特征、家庭特征以及地区特征分别分析新农保在这两类人群中的覆盖情况，人口社会学特征主要包括年龄、性别、是否工作，家庭特征主要是家庭人均收入情况。

（一）参加新农保缴费覆盖情况

1. 参加新农保缴费覆盖率

基于微观数据计算的参加新农保缴费覆盖率从 2010 年到 2013 年也在不断上升，只是基于微观数据计算的参加新农保缴费覆盖率略低于基于宏观数据计算的结果。以 2012 年为例，基于宏观数据计算的参加新农保缴费覆盖率为 51.45%，而基于微观数据计算的结果为 44.2%。可能存在的原因在于宏观数据是合并计算的城乡居民养老保险，所以参加新农保缴费人群的总量要大一些。但是，从 2010 年到 2013 年参加新农保缴费覆盖率总的上升趋势并没有改变（见图 4—3）。接下来本书将从人口社会学特征、家庭收入特征和地区特征等角度分析参加新农保缴费覆盖情况。

（1）新农保分年龄覆盖情况

数据显示，参加新农保缴费覆盖率随着年龄的提高而上升。表 4—1 是以 5 岁为一个年龄段计算的各个年龄段参加新农保缴费的覆盖率，由于 CHARLS 数据主要是 45 岁以上家庭人口的信息，样本中 45 岁以下人口非常少。表 4—1 对于 CHARLS 数据中 45 岁以下人群不依据年龄段进行分组，统一计算 45 岁以下覆盖率。从表 4—1 可以发现，2010 年到 2013 年的数据均表明随着年龄的增加，参加新农保缴费的覆盖比率也在不断上升，方差分析的 P 值均小于 0.05，表明各个年龄段之间的覆盖率存在统计上的差异。为了更加直观地反映这种新农保覆盖率随着年龄增加而不断提高的趋势，图 4—4 刻画了新农保在各个年龄段的覆盖率及相应的拟合曲线，2010 年到 2013 年每年的拟合曲线斜率均向上，也表明新农保的覆盖率随着年龄的提高有不断上升的趋势。这种现象的原因可能解释为，一

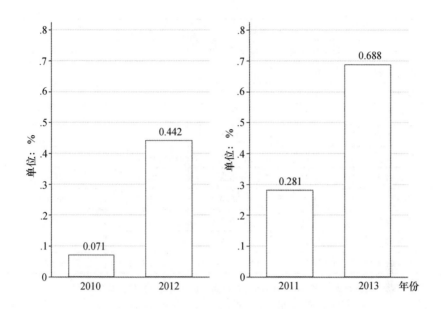

图 4—3　2010 年到 2013 年参加新农保缴费覆盖率

注：图中数据根据 CFPS 数据问卷和 CHARLS 数据问卷计算得到。

方面，人们年龄越大越关注自己的养老问题，愿意为养老而储蓄；另一方面，年龄较高时参加新农保缴费，相对而言领取新农保养老金的不确定性更低，缴纳的保费个人账户基金收益率也相对较高。[①] 所以，为了鼓励年轻人参加新农保缴费，一方面应该提高新农保个人账户基金收益率，同时通过宣传教育增大他们对新农保制度的信任。

表 4—1　　　　　　　　　新农保各年龄段覆盖率

	CFPS 数据		CHARLS 数据	
	2010 年（%）	2012 年（%）	2011 年（%）	2013 年（%）
16—20 岁	3.0	13.8		
21—25 岁	5.0	25.2		

———————

① 赵建国、海龙：《"逆向选择"困局与"新农保"财政补贴激励机制设计》，《农业经济问题》2013 年第 9 期。

续表

	CFPS 数据		CHARLS 数据	
	2010 年（%）	2012 年（%）	2011 年（%）	2013 年（%）
26—30 岁	6.1	35.0		
31—35 岁	5.6	41.7		
36—40 岁	5.7	47.1		
41—45 岁	7.6	48.6		
45 岁以下	5.9	38.5	24.5	61.5
46—50 岁	8.2	50.3	27.1	65.9
51—55 岁	11.1	55.0	29.4	68.6
56—59 岁	8.1	56.6	29.1	74.5
全体样本	7.1	44.2	28.1	68.8
方差检验 F 值	13.55（0.00）	108.37（0.00）	2.59（0.05）	17.98（0.00）

注：图中数据根据 CFPS 和 CHARLS 计算得到，括号里面为 F 检验对应的 P 值。

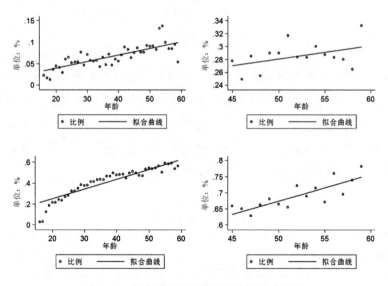

图 4—4　新农保各年龄段参保率及拟合曲线

注：图中数据根据 CFPS 和 CHARLS 计算得到。

（2）新农保分性别覆盖情况

本书分别计算了男性和女性参加新农保缴费的覆盖率，发现参加新农保缴费覆盖率中不存在性别差异。通常来说，女性的人均预期寿命高于男性，而目前我国的社会养老保险以个人而不是家庭为参保单位，如果家庭的丈夫早于妻子去世，使得妻子更容易陷入贫困，所以女性更加需要养老保险对老年生活进行保障。因此，本书考察了不同性别参加新农保缴费的覆盖率。表4—2是通过微观数据计算的2010年到2013年分性别参加新农保缴费覆盖率，可以发现男性和女性在参加新农保缴费覆盖率上的差异不明显，例如2010年男性和女性的覆盖率均为7.1%，到了2013年男性和女性的覆盖率分别为69.2%和68.5%，进一步通过T检验也没有发现新农保在分性别覆盖率方面存在显著差异。图4—5进一步刻画了男性和女性在各个年龄段上的覆盖率，发现男性和女性在各个年龄段上的覆盖率也不存在差异。新农保覆盖性别上没有差异这一事实具有很强的积极意义，反观我国城镇职工养老保险，政策设计上导致覆盖存在明显的性别差异，男性的城镇职工养老保险覆盖率明显高于女性[1]，这是因为城镇职工养老保险主要以是否有正式工作作为参保条件，通常女性的正式劳动的参与率低于男性，使得女性总体保障水平远远低于男性。

表4—2　　　　　　　　　分性别参加新农保缴费覆盖率

	CFPS 数据		CHARLS 数据	
	2010 年（%）	2012 年（%）	2011 年（%）	2013 年（%）
女性	7.1	44.6	28.2	68.5
男性	7.1	43.8	28.0	69.2
全体样本	7.1	44.2	28.1	68.8
T 检验	−1.13（0.25）	0.63（0.52）	0.25（0.79）	−0.57（0.56）

注：表中数据根据 CFPS 和 CHARLS 计算得到，括号内为 T 检验对应的 P 值。

（3）新农保分工作状况覆盖情况

虽然新农保不以是否有工作[2]作为参保条件，但是随着时间的推移，有工作人群的参保比率明显高于没有工作人群的参保比率。分是否有工作

[1]　张雨明：《中国养老保险中的性别差异分析》，《经济研究导刊》2010 年第 3 期。
[2]　这里的工作的定义既包括为别人打工也包括为自己从事农业经营活动。

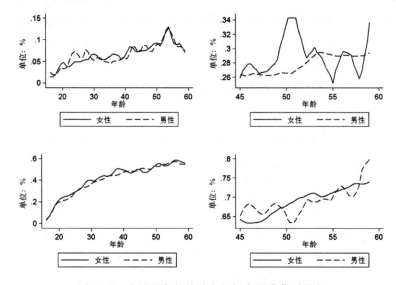

图4—5　分性别各年龄段参加新农保缴费覆盖率

注：图中数据根据 CFPS 和 CHARLS 计算得到。

覆盖率的 T 检验的 P 值小于 0.05，也表明二者的覆盖率存在统计上的差异。根据表 4—3 计算的新农保分是否有工作的覆盖率，新农保制度试点初期没有工作的人群参加新农保的比率是 8.2%，略高于有工作人群参加新农保的比率，但是到了 2011 年以后有工作人群参加新农保的比率高于没有工作人群的参保比率。2011 年有工作人群参加新农保的比率为 28.5%，没有工作人群参加新农保的比率为 25.6%，有工作人群参加新农保的比率比没有工作人群参加新农保的比率高 2.9%。2012 年有工作人群参加新农保的比率比没有工作人群参加新农保的比率高 5%，2013 年有工作人群参加新农保的比率比没有工作人群参加新农保的比率高 9.2%，是否有工作人群之间新农保覆盖率的差异有扩大的趋势。图 4—6 反映了各个年龄段是否有工作参加新农保的比率，可以发现随着时间的推移，总体来说各个年龄段上有工作人群参加新农保的比率都高于没有工作人群参加新农保的比率。出现这种现象的可能解释是有工作人群的个人收入往往高于没有工作人群的收入，收入也是决定人们是否加入新农保的一个因素。

表4—3　　　　　　　　　　是否有工作参加新农保缴费覆盖率

	CFPS 数据		CHARLS 数据	
	2010 年	2012 年	2011 年	2013 年
没有工作	8.2%	41.1%	25.6%	61.0%
有工作	6.7%	46.1%	28.5%	70.2%
全体样本	7.3%	44.2%	28.1%	68.8%
T 检验	5.54（0.00）	-4.97（0.00）	-2.00（0.04）	-6.05（0.00）

注：表中数据根据 CFPS 和 CHARLS 计算得到，括号内为 T 检验对应的 P 值。

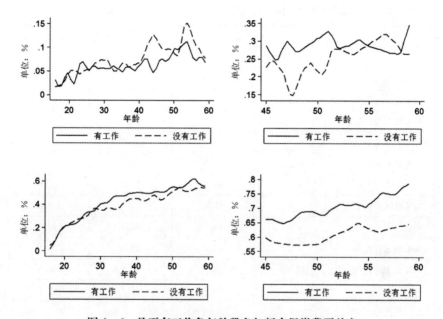

图4—6　是否有工作各年龄段参加新农保缴费覆盖率

注：图中数据根据 CFPS 和 CHARLS 计算得到。

（4）新农保分家庭收入情况的覆盖率

新农保覆盖率同家庭人均收入大致呈倒"U"型关系，即新农保在中等家庭人均收入上的覆盖率高于低收入和高收入家庭的覆盖率。表4—4 将农村居民按照家庭人均收入情况从低到高分为十个分位数，分别计算各个分位数的新农保覆盖率。从表4—4 可以发现，新农保制度试点初期即 2010 年，家庭人均收入高的人群偏好加入新农保，但是随着时间的推移，中等家庭收入的人群更偏好加入新农保。图4—7 刻画了各个家庭人均收入分位数下的人群参加新农保的比率以及相应的拟合曲线。从图 4—7 可以更直观地发现 2012 年和 2013 年新农保覆盖率同家庭人均收入呈明显的倒"U"型关系。基于这一现象，说明接下来的政策重心应该向低收入家庭倾斜，低收入家庭由于资源有限很依赖国家提供的福利，新农保作为福利性质很强的一种政策，无法有效覆盖到他们，靶向效果比较糟糕，相比之下，对于高收入家庭的新农保覆盖率并不是一个非常需要关注的问题。

表 4—4　　　　各个家庭人均收入分位数上参加新农保缴费覆盖率

	CFPS 数据		CHARLS 数据	
	2010 年（%）	2012 年（%）	2011 年（%）	2013 年（%）
10% 以下收入分位数	5.1	36.0	24.2	65.3
20% 收入分位数	7.3	44.4	32.2	76.9
30% 收入分位数	5.7	48.8	25.9	72.5
40% 收入分位数	6.0	45.4	30.9	71.1
50% 收入分位数	6.0	45.0	35.9	72.1
60% 收入分位数	6.6	46.6	25.8	71.6
70% 收入分位数	6.0	50.6	28.1	72.6
80% 收入分位数	6.4	46.7	29.3	68.0
90% 收入分位数	9.4	42.0	30.0	68.5
90% 以上分位数	12.1	38.3	32.1	64.6
全体样本	7.1	44.4	29.4	69.6
F 检验	14.5（0.00）	12.55（0.00）	3.05（0.00）	3.69（0.00）

注：表中数据根据 CFPS 和 CHARLS 计算得到，括号里面为 F 检验对应的 P 值。

（5）新农保分地区的覆盖情况

新农保覆盖率在中东西部地区存在差异，并且这种差异存在动态变化的特征。由于我国中东西部地区经济发展水平存在差异，新农保制度在中东西部地区也存在一定的差异。中东西部地区政策的差异体现在，中央政府给予中西部地区 100% 的基础养老金补贴，而给予东部地区 50% 的基础

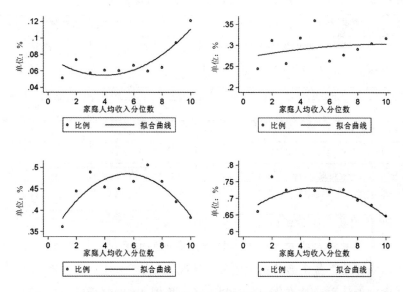

图4—7　各家庭人均收入分位数组参加新农保缴费覆盖率及拟合曲线

注：图中数据根据 CFPS 和 CHARLS 计算得到。

养老金补贴。表4—5 是本书按照国家统计局对我国三大地区①的划分原则分别计算的中东西部新农保的覆盖率。新农保制度试点初期，东部地区新农保的覆盖率最高大约为 10.2%，而西部地区新农保的覆盖率最低大约为 4.4%。到 2013 年中东西部地区新农保覆盖率提高非常明显，东部地区新农保的覆盖率提高了 5.3 倍，中部地区新农保的覆盖率提高了 10.8 倍，西部地区新农保的覆盖率提高了 14.4 倍，西部地区新农保的覆盖率提高幅度最大。同时，到了 2013 年，中部地区新农保覆盖率最高为 74.7%，而东部地区新农保的覆盖率最低为 64.7%。总体来说，新农保覆盖率存在一定的地区差异，并且差异呈现动态变化的特征。

---

①　其中东部地区包含的省或者直辖市有：北京市、天津市、河北省、辽宁省、上海市、江苏省、浙江省、福建省、山东省、广东省、海南省；中部地区包含的省份有：山西省、吉林省、黑龙江省、安徽省、江西省、河南省、湖北省、湖南省；西部地区包含的省或者直辖市有：内蒙古自治区、广西壮族自治区、重庆市、四川省、贵州省、云南省、西藏自治区、陕西省、甘肃省、青海省、宁夏回族自治区、新疆维吾尔自治区。

表 4—5 中东西部地区参加新农保缴费覆盖率

	CFPS 数据		CHARLS 数据	
	2010 年	2012 年	2011 年	2013 年
东部地区	10.2%	39.0%	30.4%	64.7%
中部地区	6.3%	55.8%	32.5%	74.7%
西部地区	4.4%	40.0%	21.6%	67.7%
全体样本	7.1%	44.2%	28.1%	68.8%
F 检验	101.22 (0.00)	183.21 (0.00)	41.85 (0.00)	28.89 (0.00)

注：表中数据根据 CFPS 和 CHARLS 计算得到，括号里面为 F 检验对应的 P 值。

2. 参加新农保缴费情况

新农保缴费人群中，绝大多数选择最低的缴费档次。图 4—8 是个人参加新农保选择各个缴费档次的分布情况[1]，由于 2010 年 CFPS 数据没有个人缴费的信息，故在图 4—8 中省略。从图 4—8 中可以发现，2011 年的样本中参加新农保的人群中有 72.8% 的人选择最低的缴费档次，2012 年的样本中有 88.3% 的人选择最低缴费档次，2013 年的样本中有 82.3% 的人选择最低缴费档次，选择最低缴费档次人群占比有随时间推移而增加的趋势。2011 年到 2013 年样本中选择 500 元及以上缴费档次的人群占全部缴费人群的比重分别为 9.4%、5.1% 和 7.4%，选择 500 元及以上缴费档次的人占比有随时间推移而下降的趋势。

按照新农保制度规定，理论上参加新农保缴费应该为 100 元的整数倍，但是样本中有少量缴费金额是非 100 元的整数倍，产生这种现象的原因有许多，例如受访者记不清楚具体缴费额，所以本书在表 4—6 中将新农保缴费金额当作连续变量做了描述性统计。从表 4—6 可以发现，2011 年到 2013 年样本中新农保缴费的均值分别为 197 元、153 元和 178 元，新农保缴费平均额也有下降的趋势。从新农保缴费金额分布的峰度和偏度可以发现，新农保缴费不服从正态分布，主要原因是大部分参保人群选择了最低的缴费档次。

---

[1] 目前新农保制度将缴费标准设为每年 100 元、200 元、300 元、400 元、500 元 5 个档次，地方可以根据实际情况增设缴费档次。所以，本书将缴费档次设为了 100 元、200 元、300 元、400 元、500 元及以上 5 个档次。

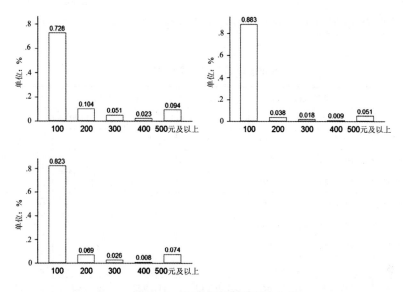

图 4—8 新农保各缴费档次分布

注：图中数据根据 CFPS 和 CHARLS 计算得到。

表 4—6　　　　　　　　　　　新农保缴费情况描述性统计

	2011 年	2012 年	2013 年
均值	197	153	178
标准差	348.868	291.159	362.702
最大值	7000	7200	6000
最小值	0	1	0
偏度	8.885	13.150	8.973
峰度	116.137	248.222	105.729

（1）新农保分年龄段缴费情况

平均来说，年龄较大的农村居民比年龄较小的农村居民愿意缴纳更多的新农保保费，但是 46 岁以上的人均缴费差异在统计上不显著。表 4—7 是以 5 岁为年龄段，分别计算各个年龄段参加新农保的平均缴费金额。2012 年 CFPS 数据比较全面地反映了各个年龄段参加新农保平均缴费情况，可以看出随着年龄的提高，参加新农保缴费的平均金额也在不断上升。2011 年和 2013 年 CHARLS 数据主要只能观察 45 岁以上参加新农保人员的缴费信息，45 岁以上参加新农保缴费的平均金额也高于 2012 年 CFPS 数据中 45 岁以下人群参加新农保的平均缴费金额。

表 4—7　　　　　　　　　　各年龄段新农保缴费情况

	CFPS 数据		CHARLS 数据			
	2012 年		2011 年		2013 年	
	均值	标准差	均值	标准差	均值	标准差
16—20 岁	103.855	42.794				
21—25 岁	112.824	96.780				
26—30 岁	132.042	163.565				
31—35 岁	127.361	123.906				
36—40 岁	155.672	308.987				
41—45 岁	156.352	384.874				
46—50 岁	159.200	294.688	219.918	447.902	194.096	431.230
51—55 岁	165.005	290.644	192.567	263.747	167.887	306.906
56—59 岁	181.669	344.908	191.821	343.291	180.541	343.556
全体样本	154.016	294.915	202.324	366.841	179.736	369.685
F 检验	3.31 (0.00)		0.84 (0.47)		2.07 (0.10)	

注：表中数据根据 CFPS 和 CHARLS 计算得到，括号里面为 F 检验对应的 P 值。

（2）新农保分家庭收入缴费情况

高收入家庭的人群比其他收入家庭的人群愿意缴纳更多的新农保保费。图 4—9 是将人群按照家庭人均收入的十个分位数分组，分别计算各个组的人群参加新农保平均缴费金额。由图 4—9 可以发现，2011 年到 2013 年的数据中处于最高家庭人均收入分位数组人群参加新农保平均缴费金额明显高于其他家庭人均收入分位数组的人群参加新农保的平均缴费金额。这表明参加新农保选择缴费档次与家庭人均收入状况存在很高的相关关系。高人均收入家庭的可支配收入也相对更高，有更多的钱用于储蓄和购买保险。

（3）新农保分地区缴费情况

东部地区新农保缴费平均值高于中西部地区的缴费平均值。表 4—8 是东中西部地区新农保平均缴费金额，可以发现，2011 年到 2013 年的数

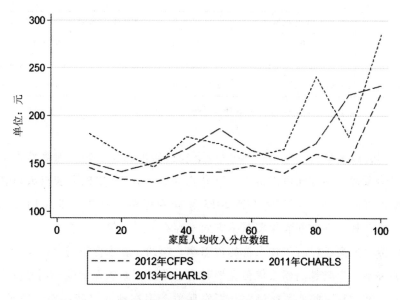

图4—9　各家庭人均收入水平下参加新农保平均缴费金额

据均表明东部地区农村居民参加新农保的平均缴费金额最高，中部地区农村居民参加新农保平均缴费金额最低。东部地区农村居民平均缴费金额最高很好理解，因为东部地区农村居民的平均收入也高于其他两个地区。西部地区经济发展水平平均低于中部地区，但是西部地区农村居民的人均缴费金额高于中部地区，这种现象的可能解释是，西部地区政府对新农保缴费有更多的优惠政策。

表4—8　　　　　　　　　　各地区新农保平均缴费金额　　　　　　　　单位：元

	CFPS 数据		CHARLS 数据			
	2012 年		2011 年		2013 年	
	均值	标准差	均值	标准差	均值	标准差
东部地区	187.3	419.5	245.2	499.8	229.0	535.5
中部地区	128.8	138.0	162.5	153.4	146.5	191.7
西部地区	146.2	247.5	187.2	300.9	162.7	281.1
全体样本	153.6	291.2	198.0	348.9	178.1	362.7

	CFPS 数据		CHARLS 数据			
	2012 年		2011 年		2013 年	
	均值	标准差	均值	标准差	均值	标准差
F 检验	24.34（0.00）		12.67（0.00）		27.63（0.00）	

注：表中数据根据 CFPS 和 CHARLS 计算得到，括号里面为 F 检验对应的 P 值。

综合以上分析，本书在 60 岁以下农村居民的参加新农保缴费覆盖率和平均缴费金额方面可以得出以下几点结论：在 60 岁以下农村人口新农保覆盖方面，第一，2010 年到 2013 年新农保覆盖率提高非常明显；第二，男性和女性在新农保覆盖率方面不存在差异；第三，有工作人群的新农保覆盖率高于没有工作人群的覆盖率；第四，新农保覆盖率同年龄呈正相关关系，年龄越高新农保覆盖率越高；第五，新农保覆盖率同家庭人均收入呈倒"U"型关系；第六，新农保覆盖率在地区之间存在动态差异，2010 年新农保在东部地区的覆盖率最高，而到了 2013 年东部地区新农保的覆盖率最低，中部地区新农保的覆盖率最高。在新农保缴费方面：首先，加入新农保的农村居民绝大部分选择了最低的缴费档次，即选择缴费金额为 100 元；其次，年龄大的农村居民比年轻的农村居民平均愿意选择更高的缴费档次；再次，新农保平均缴费金额同个人所处的家庭人均收入水平大致呈正向关系；最后，东部地区农村居民参加新农保平均缴费金额最高，中部地区农村居民参加新农保平均缴费金额最低。

（二）领取新农保养老金覆盖情况

1. 新农保养老金领取覆盖率

从 2010 年到 2013 年 60 岁以上农村居民领取新农保养老金的覆盖率也在不断上升。图 4—10 是年满 60 周岁农村居民领取新农保养老金的覆盖率，无论是 CFPS 还是 CHARLS 数据均反映出，领取新农保养老金覆盖率在不断上升。在 CFPS 数据中，2010 年和 2012 年领取新农保养老金覆盖率分别为 11.0% 和 48.1%；在 CHARLS 数据中，2011 年和 2013 年领取新农保养老金覆盖率分别为 19.0% 和 62.2%。

接下来将从年龄、家庭收入和地区方面考察领取新农保养老金的覆盖率。

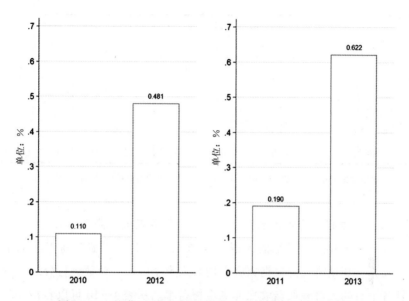

图 4—10　年满 60 周岁农村居民领取新农保养老金覆盖率

注：图中数据根据 CFPS 和 CHARLS 计算得到。

（1）分年龄段领取新农保养老金覆盖率

2011 年到 2013 年各个年龄段的人群领取新农保养老金覆盖率存在差异，65 岁到 74 岁的农村居民领取新农保养老金的覆盖率略高于其他年龄段的覆盖率。表 4—9 是分年龄段计算的领取新农保养老金覆盖率，2010 年 CFPS 数据中各年龄段领取新农保养老金覆盖率比较均匀，2011 年到 2013 年数据中 65 岁到 74 岁两个年龄段领取新农保养老金覆盖率略高于其他年龄段。但从 2011 年到 2013 年的数据中可以发现，75 岁以上人群领取新农保养老金的覆盖率低于 65 岁到 74 岁人群新农保养老金领取覆盖率，并且差异在统计上显著。

表 4—9　　　　　　　　　各年龄段领取新农保养老金覆盖率

	CFPS 数据		CHARLS 数据	
	2010 年（%）	2012 年（%）	2011 年（%）	2013 年（%）
60—64 岁	11.6	42.7	16.1	53.2
65—69 岁	10.7	53.4	24.6	69.3

续表

	CFPS 数据		CHARLS 数据	
	2010 年（%）	2012 年（%）	2011 年（%）	2013 年（%）
70—74 岁	9.9	54.0	18.2	70.0
75—79 岁	11.7	46.4	18.1	66.6
80 岁及以上	10.4	46.0	19.0	61.6
全体样本	11.0	48.1	19.0	62.2
F 检验	0.56（0.69）	11.74（0.00）	10.23（0.00）	39.39（0.00）

注：表中数据根据 CFPS 和 CHARLS 计算得到，括号里面为 F 检验对应的 P 值。

（2）各家庭人均收入水平下领取新农保养老金覆盖率

处于中等收入水平组的人群领取新农保养老金覆盖率高于其他组人群。表 4—10 是将人群根据家庭人均收入十个收入分位数进行分组，分别计算各个组的人群领取新农保养老金覆盖率。从表 4—10 可以看出，2010年到 2013 年的数据均表明，最低收入组和最高收入组人群领取新农保养老金覆盖率低于全样本的平均水平。这种现象可能的原因在于，由于有些地方严格实施了新农保中的"捆绑"政策，低收入家庭没有钱参加新农保，因此家庭中年满 60 周岁的家庭成员也无法领取新农保养老金，而对于高收入家庭自身的保障水平就比较高，对于领取新农保的基础养老金不够重视。

表 4—10　　　　　　　各家庭收入水平领取新农保养老金覆盖率

	CFPS 数据		CHARLS 数据	
	2010 年（%）	2012 年（%）	2011 年（%）	2013 年（%）
10% 及以下分位数	9.2	44.7	9.6	50.5
20% 收入分位数	8.5	48.7	13.9	67.1
30% 收入分位数	9.3	54.1	21.0	71.1
40% 收入分位数	8.6	45.2	30.9	70.9
50% 收入分位数	9.1	51.0	30.3	68.0
60% 收入分位数	9.1	47.3	24.2	63.7
70% 收入分位数	14.3	49.3	23.3	65.3

续表

	CFPS 数据		CHARLS 数据	
	2010 年（%）	2012 年（%）	2011 年（%）	2013 年（%）
80% 收入分位数	11.6	47.2	20.7	66.6
90% 收入分位数	14.3	49.6	22.2	60.9
90% 及以上分位数	21.8	39.1	21.5	60.2
全体样本	11.0	48.0	21.9	65.9
F 检验	6.53（0.00）	2.38（0.01）	15.68（0.00）	9.06（0.00）

注：表中数据根据 CFPS 和 CHARLS 计算得到，括号里面为 F 检验对应的 P 值。

（3）分地区领取新农保养老金覆盖率

各地区领取新农保养老金覆盖率也存在动态差异。表 4—11 是分地区计算的领取新农保养老金覆盖率，可以发现 2010 年东部地区领取新农保养老金覆盖率高于中西部地区，而到了 2013 年东部地区领取新农保养老金覆盖率低于中西部地区。中西部地区领取新农保养老金的覆盖率起点比东部地区低，但是增长速度快于东部地区。2011 年及以后，中部地区领取新农保养老金覆盖率高于东西部地区。

表 4—11　　　　　　　　各地区领取新农保养老金覆盖率

	CFPS 数据		CHARLS 数据	
	2010 年（%）	2012 年（%）	2011 年（%）	2013 年（%）
东部地区	14.6	46.2	14.4	55.0
中部地区	8.9	58.4	28.7	67.7
西部地区	8.6	40.9	15.4	65.5
全体样本	11.0	48.1	19.3	62.6
F 检验	19.23（0.00）	46.11（0.00）	78.58（0.00）	44.32（0.00）

注：表中数据根据 CFPS 和 CHARLS 计算得到，括号里面为 F 检验对应的 P 值。

2. 新农保养老金待遇情况

目前农村年满 60 周岁的农村居民领取的新农保养老金金额偏低。表 4—12 是新农保养老金待遇领取情况的描述性统计。从表 4—12 可以发现，2011 年和 2013 年的 CHARLS 数据表明，农村居民领取的新农保养老金月平均金额在 83 元左右，2012 年 CFPS 数据表明每月新农保养老金的均值为 95 元，CHARLS 和 CPFS 数据中每月新农保待遇均值有差异，可能的原因是样本覆盖的地方有差异，但是 CHARLS 和 CFPS 数据均表明新农保的待遇偏低。接下来将从年龄、家庭收入和地区的角度分析领取新农保养老金金额。

表 4—12　　　　　　　　　新农保养老金待遇描述性统计

	CFPS 数据	CHARLS 数据	
	2012 年	2011 年	2013 年
均值	94.7	83.3	82.6
标准差	118.3	94.5	122.9
最大值	1200	1100	3100
最小值	6	0	0
偏度	5.1	5.9	9.9
峰度	34.4	46.2	153.6

注：表中数据根据 CFPS 和 CHARLS 计算得到。

（1）分年龄段领取新农保养老金金额

各个年龄段农村居民领取新农保养老金金额差异在统计上不显著。表4—13 是各个年龄段人群领取新农保养老金的平均金额和相应的标准差，可以发现各个年龄段领取的新农保养老金金额差异不大。新农保在试点过程中，许多老人领取的都是基础养老金，所以各个年龄段的人群差异不是特别大。

表 4—13　　　　　　　　各年龄段新农保养老金待遇情况

	CFPS 数据		CHARLS 数据			
	2012 年		2011 年		2013 年	
	均值	标准差	均值	标准差	均值	标准差
60—64 岁	90.9	108.2	89.4	97.7	79.7	115.3
65—69 岁	87.7	107.3	68.5	42.3	74.7	87.1
70—74 岁	95.8	121.3	90.2	118.3	87.1	135.2

续表

	CFPS 数据		CHARLS 数据			
	2012 年		2011 年		2013 年	
	均值	标准差	均值	标准差	均值	标准差
75—79 岁	84.5	79.7	72.6	92.0	75.5	92.8
80 岁及以上	93.1	118.0	68.7	47.4	66.9	38.5
全体样本	90.5	108.9	80.3	85.8	78.3	106.3
F 检验	0.51（0.73）		1.90（0.10）		1.47（0.20）	

注：表中数据根据 CFPS 和 CHARLS 计算得到，括号里面为 F 检验对应的 P 值。

（2）分收入状况领取新农保养老金金额

领取新农保养老金金额与人群所处的收入水平大致呈正相关，即低收入人群领取的新农保养老金金额相对较低，高收入人群领取的新农保养老金金额相对较高。图 4—11 是处于各个家庭人均收入分位数组的人群领取新农保养老金的趋势图，可以看出处于最低 10% 收入水平组的人群领取新农保养老金的平均金额也低于其他收入水平组人群的平均金额，而处于最高 100% 收入水平组的人群领取的新农保养老金金额最高。新农保制度的设计中就体现了多缴多得，高收入人群选择的缴费档次平均更高，所以领取的新农保养老金平均额度也比较高。

（3）分地区领取新农保养老金金额

东部地区农村居民领取的新农保养老金平均金额最高，中部地区农村居民领取的新农保养老金平均金额最低。表 4—14 是各个地区新农保领取待遇的平均值，CFPS 和 CHARLS 各年数据均表明中部地区农村居民领取的新农保养老金平均金额最高，而中部地区农村居民领取的平均金额最低，并且地区之间领取的新农保养老金差异在统计上比较显著。东部地区人群领取新农保养老金的平均金额更高，一方面是这些地区的人群收入水平平均更高，选择了新农保较高的缴费档次；另一方面，东部地区有些政府在中央政府规定的基础养老金上又发放了更高的基础养老金。

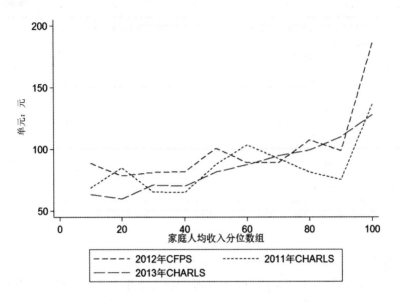

图4—11　各家庭人均收入水平下新农保待遇情况

注：图中数据根据 CFPS 和 CHARLS 计算得到。

表4—14　　　　　　　　　　各地区新农保待遇领取情况

	CFPS 数据		CHARLS 数据			
	2012 年		2011 年		2013 年	
	均值	标准差	均值	标准差	均值	标准差
东部地区	102.9	142.8	111.2	139.3	116.0	204.8
中部地区	77.8	66.4	65.1	38.9	63.0	42.4
西部地区	104.7	129.3	89.9	106.1	73.4	62.6
全体样本	94.7	118.3	83.3	94.5	82.6	122.9
F 检验	11.35 (0.00)		22.88 (0.00)		68.81 (0.00)	

注：表中数据根据 CFPS 和 CHARLS 计算得到，括号里面为 F 检验对应的 P 值。

通过以上分析，可以得出以下几点结论，在领取新农保养老金覆盖率方面：首先，领取新农保养老金覆盖率提高速度非常快，2013 年领取新农保养老金覆盖率比 2010 年提高了 4.62 倍；其次，各年龄段人群领取新农保养老金覆盖率差异不是特别明显；再次，中等收入水平家庭领取新农保养老金覆盖率高于低收入和高收入家庭的覆盖率；最后，东部地区领取新农保养老金覆盖率起点高于中西部地区，但是中西部地区领取新农保养老金覆盖率提高的速度高于东部地区，目前中部地区领取新农保养老金覆盖率高于东西部地区。在领取新农保养老金金额方面：首先，新农保养老金待遇平均偏低；其次，各个年龄段人群领取的新农保养老金平均金额差异不大；再次，领取新农保养老金金额与人群所处的收入水平大致呈正相关；最后，东部地区农村居民领取的新农保养老金平均金额最高，而中部地区的农村居民领取的新农保养老金平均金额最低。

四　新农保参与行为研究

前面分析的参加新农保缴费覆盖率与人口社会学、家庭和地区特征之间的关系仅仅是相关关系，这些因素对参加新农保和选择的缴费档次的影响并不显著，所以需要采用实证方法对参加新农保缴费和档次的因素进行识别。通过实证方法研究农村居民参加新农保的行为对于进一步提高参加新农保缴费覆盖率有重要的意义。目前已有文章研究新农保的参保行为时，大多采用试点地区的调查数据，研究的结果只能代表抽样的少数几个地区，而不具有全国代表性。本书采用全国代表性的 2012 年 CFPS 数据考察农村居民对新农保的参保和档次选择行为，从而可以得出具有全国代表性的一般结论。

（一）模型

分析个人新农保参保行为涉及两个问题，一个是是否参加新农保的问题，另一个是参加新农保的缴费档次选择问题。对于第一个问题，本书采用 Logit 模型实证研究个人的新农保的参保行为；而对于第二个问题，本书采用有序 Logit 模型（ordered logit）考察个人参加新农保缴费档次选择的问题。

个人在面临是否参加新农保决策时，会比较参加和没有参加新农保两种状态下的效用水平。假如个人参加新农保的效用为 U（1），没有参加新农保的效用为 U（0）。当 U（1）大于 U（0）时，即参加新农保的效用大于没有参加新农保的效用，个人会选择加入新农保，反之则不会参加。虽然效用函数不可以观测，但是可以观测到人们做出的是否参保的决策，具体可以参考如下的行为选择模型：

$$y = \begin{cases} 1, & y^* = U(1) - U(0) > 0 \\ 0, & y^* = U(1) - U(0) \leq 0 \end{cases}$$

其中 y 是决策变量，当 y 取 1 时表示参加新农保，当 y 取 0 时表示没有参加新农保；$y^* = U(1) - U(0)$ 时是潜在变量或者不可观测变量，决定 y^* 的因素取决于决定效用函数的因素 X。这里的 X 是一个向量，包括农村居民的人口社会学特征、家庭特征以及所在地区的地区特征等。

根据决策变量 y 的期望的定义，$E(y_i) = 1 \times P_i + 0 \times (1 - P_i) = P_i$，可以得到决策变量的期望其实反映了个人参加新农保的概率。另一方面，决策变量的条件期望 $E(y \mid X_i) = f(X_i, \beta)$，可以证明决策变量 y 的条件期望和无条件期望相等，即

$$P_i = E(y \mid X_i) = f(X_i, \beta)$$

对于 $f(X_i, \beta)$ 函数形式的不同选择就产生了不同的模型。如果将 $f(X_i, \beta)$ 假设为线性函数 $f(X_i, \beta) = X_i\beta$，则产生了线性概率模型。虽然线性概率模型的回归系数有直接的经济学解释，但是线性模型不能满足预测的概率值始终在 0 和 1 之间的概率基本定义，所以实证分析中很少使用线性概率模型。通常将 $f(X_i, \beta)$ 设置为 Logistic 或者 Probit 函数分布的形式，就产生了常见的 Logit 模型和 Probit 模型，因为这两种函数可以保证决策变量的预测值始终保持在 0 和 1 之间。本书将 $f(X_i, \beta)$ 的函数设置为 Logistic 分布的形式，即 $f(X_i, \beta) = \Lambda(X_i\beta)$。理由在于，Logit 模型不需要 Probit 模型那样强的假设，例如 Probit 模型要求回归的残差必须服从正态分布，而 Logit 模型就不需要这个假设。分析个人决定是否参加新农保时，本书采用的 Logit 模型设置如下：

$$E(y \mid X_i) = P_i = f(X_i, \beta) = \Lambda(X_i\beta) = \frac{e^{X\beta}}{1 + e^{X\beta}}$$

分析农村居民个体对新农保参保行为的另一个重要问题是缴费档次的选择。个体在选择新农保缴费档次时仍然取决于自身的效用函数，假如潜在的效用函数为：

$$y^* = X\beta + e \quad e \mid X \sim \Lambda$$

其中 X 的含义与上面相同，e 是残差项，假设 e 关于 X 的条件分布服从 Logistic 分布。虽然个体潜在的效用函数无法观测，但是可以观测到个体选择的缴费档次。假设有四个分界点，$\alpha_1 < \alpha_2 < \alpha_3 < \alpha_4$，有如下的观测

方程：

$$y = \begin{cases} 1 & if & y^* \leqslant \alpha_1 \\ 2 & if\ \alpha_1 < y^* \leqslant \alpha_2 \\ 3 & if\ \alpha_2 < y^* \leqslant \alpha_3 \\ 4 & if\ \alpha_3 < y^* \leqslant \alpha_4 \\ 5 & if & y^* > \alpha_4 \end{cases}$$

对于上式的理解如下，如果个体潜在效用 y^* 小于临界值 a_1，他会选择一档；如果个体潜在效用在 a_1 和 a_2 之间，他将会选择二档，以此类推。个人选择各个档次的条件概率如下：

$$P\ (y=1\mid X)\ =P\ (y^*\leqslant \alpha_1\mid X)\ =P\ (X\beta+e\leqslant \alpha_1\mid X)\ =\varLambda\ (\alpha_1-X\beta)$$

$$P\ (y=2\mid X)\ =P\ (\alpha_1<y^*\leqslant \alpha_2\mid X)\ =\varLambda\ (\alpha_2-X\beta)\ -\varLambda\ (\alpha_1-X\beta)$$

$$P\ (y=3\mid X)\ =P\ (\alpha_2<y^*\leqslant \alpha_3\mid X)\ =\varLambda\ (\alpha_3-X\beta)\ -\varLambda\ (\alpha_2-X\beta)$$

$$P\ (y=4\mid X)\ =P\ (\alpha_3<y^*\leqslant \alpha_4\mid X)\ =\varLambda\ (\alpha_4-X\beta)\ -\varLambda\ (\alpha_3-X\beta)$$

$$P\ (y=5\mid X)\ =P\ (y^*>\alpha_4\mid X)\ =1-\varLambda\ (\alpha_4-X\beta)$$

通过上面的列式子构成的模型称之为有序 Logit 模型（ordered-logit model）。

研究是否参加新农保时使用的 Logit 模型和分析缴费档次选择时使用的有序 Logit 模型中的系数 α，β 都可以通过极大似然估计（maximum likelihood）的方法进行估计。由于 Logit 模型和有序 Logit 模型都是非线性模型，回归的系数没有直接的经济学解释，为了得到系数的相应经济学解释，本书将相应的回归结果转化为了边际效应。

$$marginal\ effects = \frac{\partial P\ (y\mid X)}{\partial x} = g\ (X\beta)\ \times\beta$$

其中 $g\ (X\beta)$ 表示 Logistic 分布的密度函数。选择不同的 X 将会产生不同的边际效应，通常选择在 X 的均值处求边际效应，这种边际效应称为平均边际效应（average marginal effect）。

（二）数据

本书使用 2012 年 CFPS 数据分析农村居民的新农保参保行为。新农保制度在 2012 年底实现了在所有县级行政区域全覆盖，所以 2012 年 CFPS 数据在分析新农保参保行为影响因素方面具有全国代表性。另外，CF-

PS 数据涵盖了各个年龄的个人和家庭信息，可以比较全面地研究各类人群的新农保参保行为影响因素。根据新农保的参保条件筛选样本同时删除含有缺失值的样本，最终用于实证分析的样本数为 14194 个。

为了研究新农保的参保行为，本书选择了两个被解释变量：一个被解释变量是是否参加新农保，样本中有 6501 人参加了新农保，占全部样本的 45.8%；另外一个被解释变量是参加新农保人群选择的缴费档次，样本中参加新农保绝大部分人群选择了最低缴费档次。根据新农保的缴费档次规定，本书将新农保划分为了五个缴费档次，分别是每年缴费 100 元、200 元、300 元、400 元和 500 元及以上。由图 4—12 可见，新农保一到五档缴费人群占全部缴费人群的比重分别是 88.3%、3.8%、1.8%、0.9% 和 5.1%，参加新农保的绝大部分人群选择了最低的缴费档次。

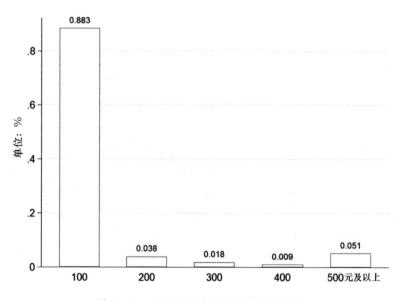

图 4—12　2012 年新农保各缴费档次比重

注：图中数据根据 CFPS 计算得到。

根据实证模型和以往类似研究，本书选择了以下几类解释变量反映个人的参保行为。第一类解释变量是人口社会学特征，包括性别（女性为对照组）、年龄、婚姻状况（婚姻状况为其他为对照组）、教育（分为小学及以下、小学、初中、高中及以上，其中小学及以下为对照组）、工作

（没有工作为对照组）。第二类解释变量是个人风险偏好和对干部的信任度，新农保制度主要由基层干部宣传，所以对干部的信任程度也会影响个人的参加缴费行为。控制个人风险偏好的变量为吸烟（不吸烟为对照组）和喝酒（不喝酒为对照组），刘宏、王俊认为吸烟和喝酒等个人健康行为其实反映了他们的风险偏好。对干部信任度的变量为对干部的信任度打分，分为 0 分到 10 分，打分越高表明对干部越信任。第三类解释变量是家庭特征变量，包括家庭规模（家庭人口数量）、家庭人均收入、是否有家庭成员领取新农保待遇。最后一类解释变量是地区变量，分为东中西部地区。表 4—15 是参加新农保人群和未参加新农保人群控制变量的描述性统计。

表 4—15　　　　　　　　　　变量描述性统计

变量名称	参保人群			未参保人群		
	样本数	均值	标准差	样本数	均值	标准差
男性	6956	0.468	0.499	8782	0.476	0.499
年龄	6956	43.193	10.498	8782	38.035	12.037
已婚并同居	6956	0.918	0.275	8782	0.827	0.378
小学及以下	6955	0.229	0.420	8782	0.218	0.413
小学	6955	0.243	0.429	8782	0.228	0.420
初中	6955	0.408	0.492	8782	0.415	0.493
高中及以上	6955	0.120	0.325	8782	0.139	0.346
工作	6956	0.641	0.480	8782	0.593	0.491
吸烟	6956	0.306	0.461	8782	0.312	0.463
喝酒	6956	0.171	0.376	8782	0.148	0.355
信任干部程度	6917	5.077	2.467	8722	4.699	2.515
家庭人口数	6956	4.580	1.771	8782	4.800	1.879
家庭人均收入（万元）	6304	0.995	1.525	7962	0.967	1.177
家庭成员是否领取	6956	0.154	0.361	8782	0.082	0.275
东部地区	6956	0.326	0.469	8782	0.405	0.491
中部地区	6956	0.366	0.482	8782	0.230	0.421
西部地区	6956	0.307	0.461	8782	0.366	0.482

从表4—15的解释变量描述性统计，可以发现以下几个方面的信息：首先，从人口社会学特征方面，参加新农保的人群平均年龄高于未参加新农保的人群，参加新农保和未参加新农保人群的平均年龄分别为43.193岁和38.035岁；已婚并同居比婚姻状况为其他的人群参加新农保的比例更高，参加新农保和未参加新农保人群婚姻状况为已婚并同居的比例分别为0.918和0.827；有工作的人群参加新农保的比例高于没有工作的人群参加新农保的比例，参加新农保和未参加新农保有工作的比例分别为0.641和0.593。其次，在风险偏好和对干部信任方面，参加新农保的人群比未参加新农保的人群更信任干部，参加新农保和未参加新农保的人群对干部信任程度的平均分分别为5.077分和4.699分。再次，在家庭特征方面，参加新农保人群的家庭规模平均比未参加新农保家庭规模小，参加新农保人群的家庭成员数平均为4.580人，而未参加新农保人群的家庭成员数平均为4.800人；参加新农保人群的家庭人均收入平均也高于未参加新农保人群的家庭人均收入，参加新农保和未参加新农保家庭人均收入分别为0.995万元和0.967万元。

（三）实证结果及分析

1. 新农保参保行为影响因素

表4—16是新农保参保行为影响因素的Logit模型的估计结果，其中（1）（2）两列分别是估计的系数和相应的边际效应。为了得到更为稳健的结果，回归结果报告的聚类异方差稳健的标准差（Clustered & Robust Standard Error）。

表4—16　　　　　　　　　　　　新农保参保影响因素

变量名称	(1)	(2)
	Logit 模型	边际效应
	参加新农保	参加新农保
男性	-0.051	-0.011
	(0.053)	(0.012)
年龄	0.038***	0.008***
	(0.003)	(0.001)
已婚并同居	0.461***	0.102***

续表

变量名称	(1) Logit 模型 参加新农保	(2) 边际效应 参加新农保
	(0.071)	(0.016)
小学	0.156 *	0.035 *
	(0.085)	(0.019)
初中	0.260 ***	0.058 ***
	(0.098)	(0.022)
高中及以上	0.196 *	0.044 *
	(0.113)	(0.025)
工作	0.211 **	0.047 **
	(0.100)	(0.022)
吸烟	- 0.097	- 0.022
	(0.060)	(0.013)
喝酒	0.112	0.025
	(0.068)	(0.015)
干部信任度打分	0.050 ***	0.011 ***
	(0.010)	(0.002)
家庭规模	- 0.066 ***	- 0.015 ***
	(0.021)	(0.005)
Ln（家庭人均收入）	0.432 ***	0.096 ***
	(0.166)	(0.037)
Ln（家庭人均收入）^2	- 0.024 **	- 0.005 **
	(0.011)	(0.002)
有家庭成员领取	0.822 ***	0.182 ***
	(0.102)	(0.022)
东部地区	- 0.783 ***	- 0.174 ***
	(0.154)	(0.033)
西部地区	- 0.630 ***	- 0.140 ***
	(0.181)	(0.039)
常数	- 3.860 ***	
	(0.686)	

续表

	（1）	（2）
	Logit 模型	边际效应
样本量	14194	14194
PseudoR^2 = 0.076		
Prob > chi^2 = 0.000		

注：*、**、*** 分别表示在10%、5%、1%显著性水平下显著，括号内报告的是聚类异方差稳健的标准差（Clustered & Robust Standard Error）。

首先，在人口社会学特征方面，年龄、婚姻状况、教育和工作对是否参加新农保在统计上有非常显著的影响。年龄越大的人群参加新农保的可能性越大，具体来说，年龄每增加1岁参加新农保的概率平均会提高0.8个百分点。一方面，年龄较高的人群往往比年龄较低的人群更关注自己的养老问题，所以年龄大的人群参加新农保的积极性更高；另一方面，年龄越大距离领取新农保待遇的时间也越短，将来领取新农保养老金的不确定性也更低；已婚并同居的人群比婚姻状况为其他的人群参加新农保的概率平均高10.2%，已婚并同居的人群可能有更强的家庭责任感，希望通过加入新农保分散养老风险；相对于受教育程度为小学及以下的人群，受教育程度为小学、初中、高中及以上的人群比他们参加新农保的可能性分别高3.5%、5.8%和4.4%，受教育程度为初中的人群参加新农保的可能性高于其他教育程度的人群。受教育程度的高低会影响人们对新农保制度的理解，受教育程度越高的人群对新农保的缴费和收益计算得更加清楚，所以受教育程度越高的人更能理解新农保的回报非常高，他们更愿意加入新农保。

其次，在风险偏好和对干部的信任方面，对干部的信任程度对参加新农保有正向的影响。吸烟和喝酒两个反映人们风险偏好的变量对参加新农保在统计上的影响不显著，可能的原因是参加新农保的门槛比较低，选择最低缴费档次即每年缴费100元就可以加入，风险偏好对于是否觉得加入新农保的影响不是太大；对干部越信任的人群参加新农保的可能性越高。具体而言，对干部信任度打分每提高1分参加新农保的概率平均会提高1.1个百分点。基层干部往往会进行新农保制度的宣传工作，如果对干部越是信任，则认为干部宣传的政策也是值得信任的。因此对干部的信任程度越高，参加新农保的可能性越高。

　　再次，在家庭特征方面，家庭规模、收入和是否有家庭成员领取新农保待遇对是否参加新农保都有影响。家庭规模越大的人群参加新农保的可能性越低，家庭人口每增加一人参加新农保的可能性平均会降低1.5%。家庭规模越大的人群通过家庭内部分散风险的能力越高，所以对于通过参加新农保分散养老风险的积极性相对较低。在购买医疗保险方面也有类似的发现，家庭规模越大的人群购买医疗保险的动机也比较弱[①]；家庭人均收入同参加新农保的概率呈倒"U"型关系，按照2012年的物价水平，家庭人均收入同参加新农保概率呈倒"U"型的拐点出现在家庭人均收入为14764元。家庭人均收入低于14764元之前，家庭人均收入同参加新农保的概率呈正相关关系，当超过家庭人均收入临界值14764元之后，家庭收入同参加新农保的可能性呈负相关关系；有家庭成员领取新农保待遇的人群比没有家庭成员领取新农保待遇的人群参加新农保的概率平均高18.2%。为了提高新农保的参保率，有些地方采取了"捆绑"政策，即家庭中年满60周岁的人群要领取新农保的待遇，其子女必须参加新农保并缴费。

　　最后，东西部地区人群参加新农保的概率低于中部地区人群。东部和西部地区比中部地区参加新农保的概率平均分别低17.4%和14.0%。

　　2. 新农保档次选择影响因素

　　表4—17是新农保缴费档次选择影响因素的有序Logit模型的估计结果，回归结果中报告了估计的系数和一到五档缴费影响因素的边际效应和相应的聚类异方差稳健的标准差。

表4—17　　　　　　　　新农保缴费档次选择影响因素

变量名称	(1) 模型系数	(2) 一档	(3) 二档	(4) 三档	(5) 四档	(6) 五档
男性	0.043	−0.004	0.001	0.001	0.000	0.002
	(0.117)	(0.012)	(0.003)	(0.002)	(0.001)	(0.005)

　　① 臧文斌、王静曦、周磊：《居民参加大病补充医疗保险影响因素研究——基于成都市的实证分析》，《保险研究》2014年第4期。

续表

变量名称	（1）模型系数	（2）一档	（3）二档	（4）三档	（5）四档	（6）五档
年龄	0.022 ***	- 0.002 ***	0.001 ***	0.000 ***	0.000 ***	0.001 ***
	(0.006)	(0.001)	(0.000)	(0.000)	(0.000)	(0.000)
已婚并同居	0.355 *	- 0.035 *	0.010 *	0.005 *	0.003	0.017 *
	(0.188)	(0.019)	(0.006)	(0.003)	(0.002)	(0.009)
小学	- 0.002	0.000	- 0.000	- 0.000	- 0.000	- 0.000
	(0.149)	(0.015)	(0.004)	(0.002)	(0.001)	(0.007)
初中	0.274 *	- 0.027 *	0.008 *	0.004 *	0.002	0.013 *
	(0.158)	(0.016)	(0.004)	(0.002)	(0.002)	(0.008)
高中及以上	0.583 ***	- 0.057 ***	0.017 ***	0.008 ***	0.005 **	0.027 ***
	(0.177)	(0.018)	(0.005)	(0.003)	(0.002)	(0.009)
工作	- 0.186	0.018	- 0.005	- 0.003	- 0.002	- 0.009
	(0.137)	(0.014)	(0.004)	(0.002)	(0.001)	(0.006)
吸烟	- 0.094	0.009	- 0.003	- 0.001	- 0.001	- 0.004
	(0.131)	(0.013)	(0.004)	(0.002)	(0.001)	(0.006)
喝酒	0.123	- 0.012	0.004	0.002	0.001	0.006
	(0.124)	(0.012)	(0.004)	(0.002)	(0.001)	(0.006)
干部信任度打分	0.008	- 0.001	0.000	0.000	0.000	0.000
	(0.020)	(0.002)	(0.001)	(0.000)	(0.000)	(0.001)
家庭规模	- 0.091 **	0.009 **	- 0.003 **	- 0.001 *	- 0.001 *	- 0.004 **
	(0.039)	(0.004)	(0.001)	(0.001)	(0.000)	(0.002)
ln（家庭人均收入）	- 0.929 ***	0.092 ***	- 0.027 ***	- 0.013 ***	- 0.008 **	- 0.044 ***
	(0.315)	(0.031)	(0.010)	(0.005)	(0.003)	(0.016)
ln（家庭人均收入）^2	0.066 ***	- 0.007 ***	0.002 ***	0.001 ***	0.001 **	0.003 ***
	(0.021)	(0.002)	(0.001)	(0.000)	(0.000)	(0.001)
有家庭成员领取	- 0.003	0.000	- 0.000	- 0.000	- 0.000	- 0.000
	(0.165)	(0.016)	(0.005)	(0.002)	(0.001)	(0.008)
东部地区	0.728 ***	- 0.072 ***	0.021 ***	0.010 **	0.006 *	0.034 ***
	(0.239)	(0.025)	(0.007)	(0.004)	(0.003)	(0.012)
西部地区	0.323	- 0.032	0.009	0.005	0.003	0.015
	(0.249)	(0.025)	(0.007)	(0.003)	(0.002)	(0.012)

续表

变量名称	(1) 模型系数	(2) 一档	(3) 二档	(4) 三档	(5) 四档	(6) 五档
样本量	5720	5720	5720	5720	5720	5720
Pseudo R^2 = 0.0313						
Prob > chi^2 = 0.0000						

注：$*$ 、$**$ 、$***$ 分别表示在 10%、5%、1% 显著性水平下显著，括号内报告的是聚类异方差稳健的标准差（Clustered & Robust Standard Error）。

在人口社会学特征方面，年龄、婚姻状况、受教育程度对新农保的档次选择有着非常显著的影响。年龄越高的人群越喜欢选择新农保较高的缴费档次，年龄每增加 1 岁选择新农保最低缴费档次的概率平均会下降 0.2%，而选择最高缴费档次的概率平均会提高 0.1%；已婚并同居的人群更倾向于选择较高的新农保缴费档次，已婚并同居的人群比婚姻状况为其他的人群选择最低缴费档次的概率平均低 3.5%，而已婚并同居选择最高缴费档次的概率比婚姻状况为其他的概率平均高 1.7%；受教育程度越高越喜欢选择较高的缴费档次，受教育程度为小学和小学及以下两类人群在新农保缴费档次选择上的差异不显著。受教育程度为初中和高中及以上的人群比对照组的人群选择新农保的最低档的概率分别低 2.7% 和 5.7%，同时这两类人群比对照组人群选择最高缴费档次的概率分别高 1.3% 和 2.7%。

在家庭特征方面，影响新农保档次选择的因素主要有家庭规模和家庭人均收入，而是否有家庭成员领取新农保待遇对新农保档次的选择没有显著的影响；家庭规模越大的人群越喜欢选择最低缴费档次，而越不倾向于选择最高的缴费档次。具体来说，家庭成员每增加 1 人选择最低缴费档次的可能性会提高 0.9%，选择最高缴费档次的可能性会降低 0.4%；家庭人均收入同最低缴费档次呈倒 "U" 型关系，而同最高缴费档次呈 "U" 型关系。中低家庭收入组的人群喜欢选择最低档次的缴费，高收入家庭的人群喜欢选择最高档次的缴费。

在地区特征方面，东部地区人群更倾向于选择较高的缴费档次，中西部地区人群在缴费档次选择方面的差异在统计上不显著。东部地区的人群比中部地区的人群选择最低缴费档次的概率低 7.2%，比选择最高缴费档次的概率高 3.4%。

（四）结论

本书运用 2012 年 CFPS 数据，采用 Logit 模型和有序 Logit 模型从实证的角度研究了新农保参保和缴费档次选择的影响因素。在新农保参保行为方面有以下结论：首先，年龄、受教育程度对参加新农保有正向的影响，已婚并同居的人群比对照组的人群加入新农保的可能性更高。其次，风险偏好对是否加入新农保没有显著的影响，但是对干部的信任度越高参加新农保的可能性也越高。再次，家庭规模同新农保参保的可能性呈负相关，而家庭人均收入同参加新农保呈倒"U"型关系，同时还发现新农保制度在执行的过程中存在"捆绑"现象，即由家庭成员领取新农保待遇的人群比对照组人群参加新农保的概率更高。最后，东西部地区人群比东部地区人群参加新农保的概率更高。在新农保缴费档次选择方面有以下几个结论：首先，年龄和受教育程度同新农保缴费档次的选择也呈正相关，年龄越大的人群或者受教育程度越高的人群更偏好最高档次的缴费而不偏好最低档次的缴费。其次，风险偏好和对干部的信任对新农保档次的选择没有影响。再次，家庭规模对新农保缴费档次的选择也呈负相关，家庭人均收入同新农保最低档次的选择呈倒"U"型关系，而同新农保最高档次的选择呈"U"型关系。最后，东部地区的人群比中西部地区的人群选择新农保最高缴费档次的可能性更大。

第二节　新型农村社会养老保险保障水平评估

覆盖率只是新农保制度设计目标的一个维度，我们还需要知道农村居民加入新农保后的生活水平是否能够得以保障（adequacy）。新农保也将"保基本"作为另一项基本原则之一，本节将对新农保养老金的保障水平做出考察。首先，本节介绍养老保险保障水平的衡量指标体系以及本书所选取的指标；其次，通过使用精算模型模拟和微观调查数据计算新农保养老金的保障水平；最后，通过参数变化模拟提高新农保养老金保障水平的途径。

一　养老保险保障水平衡量指标

（一）替代率的概念

衡量养老保险保障水平的指标通常有两个，分别是绝对指标和相对指标，绝对指标是指领取养老金的绝对数额，相对指标是指养老金的替代率。[①] 养老金绝对数额往往不能真实反映养老保险的保障水平，因为养老金绝对数额往往受经济发展水平、通货膨胀等因素的影响，所以养老金替代率是衡量养老保险最重要的指标。[②]

养老金替代率是指养老金与某种不同定义的工资收入之比，其计算公式如下：

$$养老金替代率 = \frac{养老金收入}{工资收入}$$

上式中对工资收入的选择不同，可以将养老金替代率分为个体替代率、平均替代率和交叉替代率。[③]

个体替代率是指单个职工退休后的养老金收入与退休前一年工资收入的比率。该指标背后的基本思想是，养老金是为了保证不因退休而使收入和生活水平发生较大的变化。[④] 通常来说，个人退休前的工资是一生中比较高的，如果替代率相等，在稳态经济中对退休人员比较有利，这样退休人员可以长期享有较高的退休保障。如果经济发展速度非常快，在职职工的工资增长非常迅速，个体替代率如果没有及时调整，就不利于已经退休的人员，因为他们无法分享经济发展带来的成果。

平均替代率是指全体退休职工的人均养老金与全体在职职工的人均工资之比。该指标背后的思想是为了比较不同群体的收入比重，该指标的分子代表退休人员的平均养老金收入，而分母表示在职职工的平均工资收入。通过该指标可以控制退休人员的养老金收入和在职职工的工资收入保

---

① 徐颖、李晓林：《中国社会养老保险替代率水平分析与评价》，社会科学文献出版社 2010 年版。

② 李珍：《基本养老保险制度分析与评估》，人民出版社 2013 年版。

③ 徐颖、李晓林：《中国社会养老保险替代率水平分析与评价》，社会科学文献出版社 2010 年版。

④ 李珍：《基本养老保险制度分析与评估》，人民出版社 2013 年版。

持在适当的比重，保持退休人员和在职职工两个群体的利益平衡。

交叉替代率是指退休者个人领取的养老金与在职职工平均工资的比率。该指标的意义在于，替代率会随着社会平均工资而调整。如果交叉替代率不变，社会平均工资在不断增加，退休人员可以分享经济增长的成果。交叉替代率还同时反映了退休人员与当前的消费水平关系，可以真实反映他们的实际保障水平。

以上三种替代率的根本区别在于分子和分母选择的指标不同[1]，所以最后反映的保障水平也不完全相同。本书选择交叉替代率衡量新农保的保障水平，因为交叉替代率是一个动态指标，随着时间的推移，更能够真实反映对农村居民的实际保障水平。

不同于职工养老保险替代率的计算基数选择工资性收入，由于无法统计农村居民的工资性收入，同时农村居民的收入来源除了工资性收入还往往包括经营性收入，所以新农保养老金替代率的计算基数选择农民纯收入。养老金替代率的基数选择不同，代表着不同的含义。职工养老保险替代率的计算基数选择的工资收入，体现了退休职工分享在职职工劳动收入的比例。农民的收入比较复杂，既包括工资性收入，又包括经营性收入，目前的统计资料没有对农民的收入来源进行细分，所以无法找到农民的工资性收入，从而无法用工资性收入作为养老金计算的基数。参考黄丽的方法，用农民纯收入作为农民养老金替代率计算的基数。以农民纯收入作为计算基数的替代率的含义是农民养老金收入占农民纯收入的比重，农民纯收入是他们消费的来源，所以这种替代率可以真实反映对农民的实际保障水平。

（二）目标替代率

为了评估新农保养老金的保障水平是否合理，必须理解目标替代率的概念。目标替代率是指政策设定的替代率，即养老保险制度希望达到的替代水平。新农保制度设立的时候只提出了"保基本"的原则，并未提出新农保的目标替代率，如果没有明确的目标替代率就无法分析新农保制度的保障水平是否合理。郑功成指出农民养老保险目标替代率应考虑农民的收入和消费情况，黄丽认为农民的养老保险养老金替代率应该考虑和城镇职工养老保险替代率相对接。

---

[1]　林宝：《平均替代率、目标替代率与养老金压力估计》，《人口与发展》2013 年第 6 期。

　　新农保的"保基本"原则已经得到广泛的认可，但是对于"保基本"的内容还没有明确说明。李珍认为基本养老保险是为老年人口提供基本的需求保护，她将需求分为基本需求和发展需求，基本需求包括吃、穿、住和医疗等内容，发展需求包括教育、文化等需求。根据李珍的基本思想，本书用基本需求占农村人均纯收入的比重作为新农保的目标替代率。在选择基本需求支出的种类时主要考虑了食品、衣着、家庭设备及用品和医疗保健支出，前三种基本支出是老人的硬性支出，而医疗保健支出是老人支出很重要的一个部分。采用1990年到2013年的国家统计局农村人均收入和支出情况的数据计算得到，农村人均基本需求占农村人均纯收入的比重在0.32到0.39之间（见表4—18）。所以，从"保基本"的角度设定新农保养老金的目标替代率在0.32到0.39之间比较合适。

表4—18　　　　　　农村居民人均纯收入和基本需求支出情况

年份 项目	1990	1995	2000	2010	2011	2012	2013
人均纯收入（元）	686.31	1577.70	2253.42	5919.01	6977.29	7916.58	8895.91
食品	155.85	353.20	464.26	1313.18	1651.29	1863.11	2054.46
衣着	44.03	88.70	95.18	263.37	341.07	396.14	437.67
家庭设备及用品	30.74	68.10	74.37	233.55	308.64	341.42	384.53
医疗保健	18.98	42.50	87.57	326.04	436.75	513.81	613.93
目标替代	0.36	0.35	0.32	0.36	0.39	0.39	0.39

　　资料来源：国家统计局。

　　在设定新农保目标替代率的时候还需要考虑同城镇职工养老保险对接的问题。目前学者对城镇职工养老保险养老金的目标替代率究竟为多少还存在一些争议[1][2][3]，争议的区间大致为0.5到0.6之间。本书对城镇职工

---

　　[1]　贾洪波、高倚云：《基于帕累托优化的基本养老金替代率测算》，《人口与发展》2007年第1期。

　　[2]　郑功成：《中国养老保险制度的未来发展》，《中国人力资源社会保障》2003年第3期。

　　[3]　褚福灵：《养老保险金替代率研究》，《北京市计划劳动管理干部学院学报》2004年第3期。

养老保险的目标替代率的合理性不做进一步的探究，而是结合城镇职工养老保险养老金的实际替代率考虑新农保养老金的目标替代率。图 4—13 是根据国家统计局 2000 年到 2013 年的数据计算的城镇职工养老保险养老金的平均替代率，可以发现从 2000 年到 2013 年城镇职工养老保险养老金的平均替代率有明显的下降趋势。城镇职工养老保险养老金平均替代率从 2010 年过后趋于平稳，其数字大致为 0.44。所以，结合新农保"保基本"的目标和城镇职工养老保险养老金的实际平均替代率，本书认为新农保养老金的目标替代率设在 0.40 左右比较合理，这样既达到了"保基本"的需求，又和城镇职工养老保险的目标替代率比较接近。

图4—13 城镇职工养老保险平均替代率

（三）新农保养老金替代率的计算方式

新农保制度于 2009 年开始试点实施，养老金领取的条件对不同年龄的人群要求不一致。对于政策实施时已经年满 60 周岁同时未享受城镇职工养老保险的人群不用交费可以按月领取基础养老金；对于距领取年龄不足 15 年的人群，应当按年缴费，也允许补缴，但是累计缴费不超过 15 年；距离领取年龄超过 15 年的，应当按年缴费并且累计缴费不低于 15 年。参考邓大松对参与新农保人群的分类方法，依次称以上三类人群为"老人""中人"和"新人"。对于新农保制度中的"老人"，养老金替代率计算方法比较简单，可以直接由基础养老金除以农民人均纯收入得到，而对于"中人"和"新人"的养老金计算方式相对比较复杂。"老人"

由于已经开始领取养老金，可以计算现实替代率，而"中人"和"新人"由于没有领取养老金，只能计算潜在的替代率。

"中人"和"新人"的养老金待遇由基础养老金加个人账户组成，他们达到养老金领取年龄时每月领取的养老金待遇等于基础养老金加上个人账户/139①，养老金待遇可以终身领取。其中个人账户由个人缴费、政府补贴、集体补助三个部分组成，个人账户的存储额收益率参考中国人民银行公布的一年期定期存款利息进行计算。

"中人"和"新人"达到养老金领取年龄后，每年领取的新农保基础养老金为：

$$B = B_0 \ (1 + g)^i \times 12$$

其中，B 是每年领取的新农保基础养老金金额，B_0 是新农保制度实施时每月的基础养老金数额，g 是新农保基础养老金每年的增长率。

"中人"和"新人"达到养老金领取年龄后，每年从个人账户中领取的养老金数额为：

$$P = \left(\frac{\sum_{(i=0)}^{(R-k)} \ (C + S + A) \ (1 + i)^{(R-k)}}{139} \right) \times 12$$

其中，P 表示每年领取的养老金金额；R 为领取养老金的年龄；k 为开始缴纳养老金的年龄；C 为每年的新农保缴费金额；S 为政府每年对个人账户的补贴金额；A 为集体每年对个人账户的补助金额；i 为个人账户存储额的收益率。

"老人"的养老金替代率计算方式如下：

$$t = \frac{B}{I}$$

"中人"和"新人"的养老金替代率计算方式如下：

$$t = \frac{B + P}{I} = \frac{B}{I} + \frac{P}{I}$$

其中，t 表示养老金替代率，I 为每年农村居民的人均纯收入。"老人"的养老金替代率是基础养老金的替代率，而"中人"和"新人"的养老金替代率可以分解为基础养老金替代率（B/I）和个人账户养老金替

---

① 这里的139是养老金的计发系数，同职工养老保险的计发系数相同。

代率（P/I）。

二　新农保养老金保障水平

本节计算新农保的平均替代率，对于已经领取新农保的人群，可以通过他们领取的养老金计算平均替代率，而对于目前已经参加但是未领取新农保养老金的人群只能通过参数模拟计算他们将来领取新农保养老金时的平均替代率。这部分从两个方面计算了新农保养老金的替代率，一方面是通过数据模拟计算新农保养老金的替代率，另一方面通过 CHARLS 数据计算已经领取新农保养老金人群的替代率。

（一）基于参数模拟的新农保养老金平均替代率

根据新农保的政策规定和养老金替代率的计算公式，可以计算缴费人群将来的新农保的平均替代率。在计算新农保养老金平均替代率之前，对模型中的参数做以下设定。

1. 参保时间、参保年龄和领取年龄

新农保制度于 2009 年开始试点，所以新农保的参保时间选择为 2009 年；参保年龄 k 为 16 周岁到 59 周岁；领取新农保养老金的年龄 R 为 60 周岁。

2. 基础养老金和基础养老金增长率

中央政府确定的基础养老金标准为每人每月 55 元，地方政府可根据情况提高基础养老金标准，但是提高的部分由地方政府支出。在新农保实施过程中发现，绝大部分地方政府并没有提高基础养老金的金额，所以假设基础养老金为每人每月 55 元；新农保制度规定基础养老金增长率根据经济发展和物价水平进行调整，假设基础养老金增长率等于农村人均收入增长率。

3. 个人缴费、政府补贴和集体补助

中央政府将个人缴费设置为 100 元到 500 元五个整数档次，地方政府可以根据实际情况增设档次。2014 年开始合并实施的城乡居民养老保险增设了年缴费档次，包含了 12 个档次，其中增设的最高年缴费档次为2000 元，所以本书在原来的基础上加上了 1000 元和 2000 元两个缴费档次；新农保制度规定地方政府对个人缴费补贴标准不低于每人每年 30 元，为了简便将所有缴费档次的补贴都统一为每人每年 30 元；新农保实施过程中并没有发现集体补助，所以将集体补助的金额设置为零。

4. 个人账户养老金收益率

个人账户养老金收益率参考央行公布的金融机构人民币一年期存款利率，最近几年央行公布的人民币一年期存款平均利率为 3% 左右[①]，所以将个人账户养老金收益率设为 3% 。

5. 农村人均纯收入增长率

邓大松以过去 10 年农村人均收入平均几何增长率作为未来农村人均纯收入增长率的参考，根据计算过去 10 年农村人均收入复合增长率为 8.21%[②]，但是如此高的增长率在未来较长时间可能很难持续，例如 2015 年我国农村人均收入增长率为 6.9% ，参考发达国家的年经济增长率，本书将农村长期的人均收入年增长率设置为 5% 。

将以上参数带入模型计算得到新农保基础养老金替代率为 0.138，也就是新农保制度中"老人"的养老金替代率，而"中人"和"新人"的养老金替代率还取决于个人账户的养老金替代率。图 4—14 是不同参保年龄和缴费档次下新农保养老金个人账户替代率。从图 4—14 可以发现以下几点结论。首先，在缴费年龄相同的情况下，选择的缴费档次越高，个人账户替代率越高。其次，在现行制度个人账户养老金替代率并不随缴费年限提高而单调增长。各个档次的缴费在各个缴费年限下的替代率呈倒 "U" 型，缴费年限为 31 年左右个人账户替代率达到峰值，造成这种现象的原因在于个人账户养老金收益率低于农村人均收入增长率，即替代率公式中的分子增长率低于分母增长率，造成了缴费时间越长反而使养老金的替代率变低。再次，如果农村居民选择较高的缴费档次，新农保养老金的替代率能够达到目标替代率，即可以实现新农保"保基本"的目标。以年缴费 2000 元为例，连续缴费 15 年以上，新农保个人账户养老金替代率可以达到 0.35 到 0.4 之间，再加上新农保的基础养老金替代率 0.138，此时的新农保养老金替代率明显大于 0.4 的目标替代率。最后，如果新农保制度按照目前绝大部分参保人员选择最低档次的缴费运行，将来新农保的

---

① 数据来源于中国人民银行公布的一年期存款利息。

② 根据国家统计局的数据，1998 年和 2008 年农村人均纯收入分别为 4760.6 元和 2162 元，所以农村人均收入增长率近似为 $\sqrt[10]{4760.6/2162}-1 \approx 0.0821$ 。

养老金不能为农民提供充分的养老保障。在现有制度下，选择最低缴费档次即每年缴费 100 元的个人账户养老金的替代率大致在 0.002 到 0.025 之间，如此低的个人账户养老金替代率加上基础养老金替代率不能够为农村居民提供基本的养老保障。

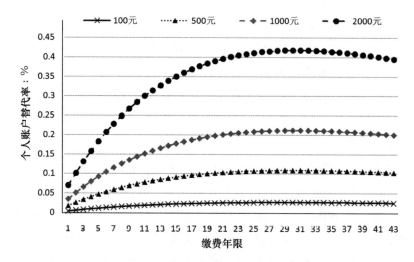

图 4—14   不同参保年龄和缴费档次下新农保

个人账户养老金替代率（$i = 0.03$）

注：图中数据根据精算模型模拟得到。

（二）基于微观数据计算的新农保养老金替代率

可以根据 2011 年和 2013 年的 CHARLS 微观数据计算新农保养老金的实际平均替代率。2011 年和 2013 年新农保养老金的替代率分别为11.78% 和 9.03%，2013 年的替代率低于 2011 年的替代率，造成这种现象的原因在于新农保的待遇没有根据农村人均收入的提高而及时进行调整。另外，不同人群的新农保养老金替代率可能存在差异，从地区和家庭人均收入两个维度考察了新农保养老金的替代率。

1. 各个地区新农保养老金替代率

新农保养老金替代率存在地区差异，中部地区的新农保养老金替代率低于东西部地区。新农保养老金替代率存在地区差异，可能有两个方面的原因，一方面是各个地区的农村人均收入存在差异，另一方面是各个地区新农保养老金可能不同，新农保养老金替代率的大小取决于二者的比值。从表4—19可以发现，2011年和2013年的数据均表明中部地区的新农保养老金替代率低于其他两个地区。中部地区的新农保养老金替代率最低的原因在于，中部地区新农保养老金平均金额低于东部和西部地区，而中部地区的农村人均收入又处于东部和西部的中间水平，所以中部地区的新农保养老金替代率最低。

表4—19　　　　　　按照地区分组的新农保养老金替代率　　　　　单位:%

	2011 年	2013 年
东部地区	13.92	10.82
中部地区	9.59	7.50
西部地区	14.45	9.04
全体	11.78	9.03

注:表中数据根据 CHARLS 数据计算得到。

2. 各个家庭收入分位数下人群的新农保养老金替代率

所处家庭收入水平越低的人群，新农保养老金替代率越高。由于各个家庭的收入水平不同，新农保养老金的替代率也不同。家庭收入水平越低，则计算替代率时的分母越小，所以相应的养老金替代率水平也越高。图4—15是2011年和2013年各个家庭人均收入分位数组的人群的新农保养老金替代率，两年的数据均表明新农保养老金替代率有随着家庭人均收入水平提高而下降的趋势，表明新农保对低收入人群的保障作用高于高收入人群。2011年和2013年处于最低10%家庭人均收入分位数组的人群新农保养老金替代率分别为0.383和0.348，而处于最高10%家庭人均收入分位数组的人群新农保养老金替代率分别只有0.047和0.044。虽然目前新农保养老金的金额还不太高，但是对低收入家庭起到了一定的保障作用。图4—15说明高收入人群参加新农保的意义不大。究其原因:第一，可能是因为保障水平低;第二，可能是因为新农保的缴费金额封顶太低。

三　提高新农保养老金保障水平的途径

影响新农保养老金替代率的因素有新农保养老金金额和农村人均收入

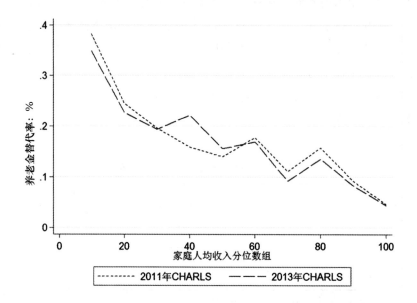

图 4—15   各家庭人均收入分位数下的新农保养老金替代率

注：图中数据根据 CHARLS 数据计算得到。

两个方面，提高新农保养老金替代率应该从这两个方面进行考虑。政府和个人很难决定未来的农村人均收入，提高新农保养老金替代率的主要方向是提高新农保养老金金额。在提高养老金金额方面，政府可以决定提高基础养老金、增加政府对个人缴费的补贴以及提高个人账户收益率，个人可以选择更高的缴费档次。接下来将假定以上几个参数的变化拟合新农保养老金替代率的变化，并根据拟合的结果提出相应的提高新农保养老金替代率的政策建议。

（一）提高基础养老金数额

提高基础养老金数额可以直接提高基础养老金替代率，从而提高新农保养老金的替代率。图 4—16 是假设每月的基础养老金数额和相应的基础养老金替代率，可以发现基础养老金提高对基础养老金替代率的影响非常明显，当每月基础养老金达到 155 元时，相应的基础养老金替代率达到 39.1%，此时的替代率非常接近目标替代率。

（二）提高个人账户收益率

提高基础养老金金额会影响新农保的可持续性，通过提高个人账户基

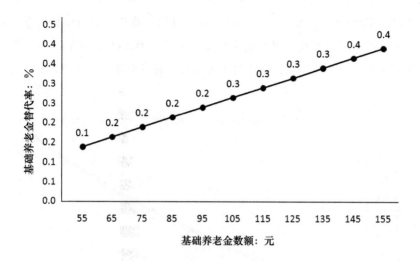

图4—16　新农保基础养老金替代率

注：图中数据根据精算模型模拟得到。

金收益率可以在不增加财政负担的情况下提高替代率。目前个人账户养老金收益率仅为3%左右，远远低于全国社会保险基金投资收益率。根据社会保险基金理事会的披露，社保基金自成立以来年投资收益率为8.38%。[①]假设个人账户基金收益率不参照一年期存钱利息，而是等于社保基金投资收益率。假设其他参数不变，图4—17是将个人账户基金收益率设为社保基金过去平均投资收益率8.38%时各个参保年龄和缴费档次的养老金个人账户替代率。可以发现个人账户基金收益率的提高明显提高了每个参保年龄和缴费档次下的个人账户替代率，同时个人账户替代率随缴费年限提高而单调递增。

　　新农保个人账户基金收益率提高还有以下两个方面的好处：一方面，个人不会因较早年龄参加新农保而导致个人账户替代率下降，可以鼓励更多的年轻人加入新农保。从图4—17可以发现，当个人账户基金收益率提高后，个人账户替代率随参保年龄降低而单调增加。另一方面，提高个人账户基金收益率的情况下，如果农村居民有条件选择每年2000元的缴费

①　数据来源：http://mt.sohu.com/20150625/n415603775.shtml。

档次，非常容易达到新农保的目标替代率。只要50岁以前加入新农保，并且选择每年缴费2000元，新农保养老金的替代率就会超过目标替代率。通过这个结果还可以发现，提高新农保个人缴费金额的上限对于提高新农保的保障水平有很大的作用，中高收入人群可以通过多缴费实现更好的保障。

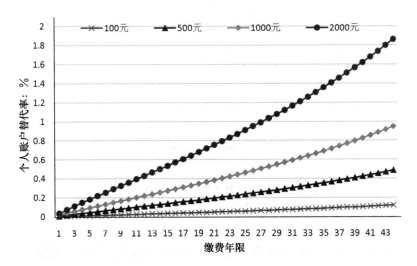

图4—17 提高个人账户基金收益率情况下新农保替代率（i=0.0838）

注：图中数据根据精算模型模拟得到。

（三）增加对个人缴费的补贴

理论上政府对个人缴费补贴的提高也会提供个人账户的替代率，但是政府提高个人缴费补贴对个人账户替代率的提高影响不明显。新农保制度规定地方政府可以根据情况提高对个人缴费的补贴，假如地方政府对个人选择缴费500元及以上的档次每年补贴50元而不是原来的30元。在其他参数不变的情况下，图4—18是相应的模拟结果，可以发现同没有提高补贴相比，政府提高个人缴费的补贴没有显著提高个人账户的替代率。

通过以上分析，可以得到如下的结论：（1）本书认为新农保养老金的目标替代率为0.4比较合适，这个水平的替代率既保障了农村老人的基本生活需求，又与城镇职工养老保险养老金替代率比较近似。（2）目前由于个人缴费偏低，在大多数人选择最低缴费档次的情况下，个人账户养老金的替代率非常低，大概在0.002到0.025之间。新农保制度目前主要

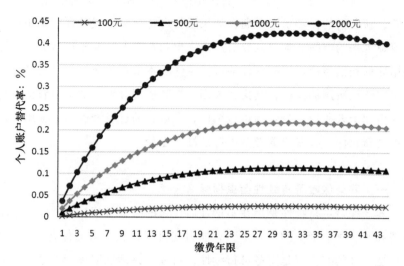

图4—18　加大补贴对个人账户养老金替代率的影响（i = 0.03）

注：图中数据根据精算模型模拟得到。

依靠基础养老金发挥保障作用，基础养老金的保障水平不高，其替代率仅为 0.138，同时由于基础养老金没有随着农村人均收入变化而及时调整，使得基础养老金的替代率有随时间下降的趋势。（3）由于新农保个人账户基金收益率过低，参加新农保缴费时间越长将来的个人账户养老金替代率反而有下降的可能，缴费时间越长将来的保障水平不一定越高，这也可能是年轻人不愿意参加新农保的重要原因。（4）通过 CHARLS 数据计算发现，新农保基础养老金对低收入人群的保障水平更高，2011 年和 2013 年 CHARLS 数据中处于最低 10% 家庭人均收入分位数组的人群新农保养老金替代率分别为 0.383 和 0.348。（5）提高新农保保障水平的可行途径是提高新农保个人账户基金收益率和适当提高个人缴费水平，虽然提高基础养老金和加大政府对个人缴费的补贴可以提高新农保的保障水平，但是提高基础养老金的数额会加大政府的财政支出，从而影响新农保的可持续性。

第三节　新型农村社会养老保险可持续性评估

给定财政收入，过高的保障水平会给财政带来压力，导致项目不可持续，因此新农保把"可持续"当作第三项基本原则。另外，根据前文的测算，新农保的保障水平不高，如果项目可持续性不成问题，说明还有提高保障水平的空间。本节从政府财政支出和新农保个人账户基金两个方面采用数据和模型论证了新农保的可持续性。本节首先介绍本书衡量养老保险可持续性所用的指标；其次，采用数据和模型分别评估了新农保政府财政支出和个人账户养老金的可持续性；最后，通过模型模拟，提出了进一步提高新农保个人账户养老金可持续性的途径。

一　养老保险可持续性衡量指标

养老保险可持续性是指在不增加后代人的缴费负担、降低收益、增加缴费和改变领取资格的条件下，有能力支付现在和未来的保费。[①] 养老保险可持续性的实质就是财务可持续性，财务可持续性取决于养老金的收入和支出。世界银行只为养老保险政府财务可持续性方面提供了衡量指标，没有考虑个人账户部分的可持续性。新农保基金收入和支出由个人缴费、政府补贴和集体补助三部分组成，体现了政府和个人的共同责任。针对新农保的可持续性，应该从政府和个人的角度进行分析。由于新农保在开展过程中发现很少有集体补助[②]的行为，所以本书暂不考虑这个方面。

（一）政府财务可持续性指标

多夫曼（Dorfman）等对政府养老保险财务可持续性设定了以下几个指标：（1）当前政府养老金支出占国内生产总值的比重，这个指标反映了养老金支出给整个国家经济带来的压力；（2）当前政府债务占国内生产总值的比重，这个指标反映了政府对养老金的支付能力；（3）养老保险支出占政府总税收的比重；（4）养老保险支出的净现值，这个指标反映了养老金支付的绝对数额。新农保中政府财务可持续性主要是能否支付基础养老金和政府补贴部分。

---

① Pallares - Miralles, M., Romero C., Whitehouse E., "International Patterns of Pension Provision Ⅱ", *A World wide Overview of Facts and Figures*, *Social Protection and Labor Discussion Paper*, 2012.

② 集体补助是农村居民所在的集体，例如村或者社区为个人缴费给予的补贴。

（二）个人账户财务可持续性指标

以往学者从整体上考虑了新农保个人账户基金的可持续性。[1][2] 虽然整体上考虑个人账户可持续看似比较全面，但是模型假定的参数比较多，例如人口因素、城镇化等因素，这些参数很难估计并且随着时间会动态调整，模型估计的结果也值得推敲。新农保个人账户可持续性部分采用代表性个人分析其个人账户基金累计余额，再同人均预期寿命进行比较就可以反映其可持续性。基于代表性个人分析个人账户可持续性的结果非常稳健，不会受城镇化、老龄化等因素的影响。另外，这些学者没有考虑农村居民个人缴费的能力，一项社会养老保险的可持续性，不仅要体现在基金收支是否可持续，还应该考虑个人是否有能力缴纳保费。所以，本书从两个方面考虑了新农保个人部分的可持续性，一方面是个人是否有能力缴纳养老保险费用，另一方面是代表性个人账户基金收入和支出是否可持续。

1. 个人缴费能力衡量指标

个人是否有能力缴纳养老保险可以用个人缴纳的养老保险费用占个人收入的比重进行衡量，如果个人缴纳的养老保险占个人收入的比重在一定范围内，则说明个人缴费可持续。

$$缴费能力 = \frac{养老保险缴费}{个人收入}$$

2. 养老保险个人账户基金可持续性指标

养老保险个人账户基金收入和支出是否可持续可以由个人缴纳的保费和领取的养老金的差额衡量。如果个人缴纳的保费大于领取的养老金待遇，则说明个人账户基金收支可持续，反之则不可持续。具体来说，可以通过个人账户累计余额衡量。

$$个人账户累计余额 = 个人账户收入 - 个人账户支出$$

个人账户收入取决于个人的缴费水平、政府补贴额、基金收益率，而个人账户支出主要取决于领取养老金时的个人账户余额、养老金计发系数和个人的存活年龄。

---

① 薛惠元：《基于整体法的新农保个人账户基金收支平衡模拟与预测》，《保险研究》2014年第2期。

② 钱振伟、卜一、张艳：《新型农村社会养老保险可持续发展的仿真评估：基于人口老龄化视角》，《经济学家》2012年第8期。

二 新农保可持续性评估

(一) 政府财务可持续性评估

下文将使用世界银行提出的几个指标对新农保中政府财务方面的可持续性进行评估。由于目前公布的宏观统计数据将新型农村基本养老保险和城镇居民基本养老保险进行了合并，统称为"城乡居民基本养老保险"，但是新农保参保人数占整个城乡居民养老保险的95%左右，所以对结果的影响不会太大。虽然采用的是城乡居民基本养老保险的数据评估其政府财务可持续性，但是得到的结论对于新农保制度仍然适用。

1. 基本养老金支出占国内生产总值的比重

我国基本养老保险养老金支出和城乡居民养老保险养老金支出占国内生产总值的比重在不断提高，但是城乡居民基本养老保险养老金支出占国内生产总值的比重不高。图4—19是我国基本养老保险养老金和城乡居民养老保险养老金支出占国内生产总值的比重，其中2009年以前的基本养老保险指城镇职工养老保险，而2010年以后的基本养老保险包括城镇职工养老保险和城乡居民养老保险。从图4—19可以看出，我国基本养老保险养老金支出占国内生产总值的比重存在不断上升的趋势，从1997年到2014年，基本养老保险养老金支出占国内生产总值的比重大约翻了一倍；城乡居民基本养老保险养老金支出占国内生产总值的比重也在不断上升，但是比重不高，以2014年为例，城乡居民基本养老保险养老金支出占国内生产总值的比重仅仅为0.3%左右；城乡居民基本养老保险养老金支出在整个基本养老保险养老金支出中的比重不大，2014年城乡居民基本养老保险养老金支出只占整个基本养老保险养老金支出的7%左右。

我国基本养老保险养老金支出占国内生产总值的比重低于经合组织成员国家，但是高于低收入国家。表4—20是经合组织成员国家基本养老保险养老金占国内生产总值的比重情况，可以看出大多数经合组织成员国家的基本养老保险养老金支出占国内生产总值的比重高于我国的比重，基本养老保险养老金支出占国内生产总值的比重随着人均国内生产总值的提高有不断上升的趋势。[①] 同时我国基本养老保险养老金支出高于许多低收入

---

① Dorfman, M., Palacios, R., "World Bank Support for Pensions and Social Security: Background Paper for the World Bank 2012 – 2022 Social Protection and Labor Strategy", *Social Procection and Labor Diseussion Paper*, 2012.

国家，以世界银行的数据为例，如印度尼西亚（2009 年为 0.99%）、缅甸（2011 年为 0.65%）、菲律宾（2010 年为 0.95%）。

从基本养老保险养老金支出占国内生产总值的指标角度，城乡居民基本养老保险养老金支出在政府财务方面可持续。一方面，我国基本养老保险养老金支出占国内生产总值的比例低于经合组织成员国家，所以这个比重随着我国经济增长还有一定的上升空间；另一方面，城乡居民基本养老保险养老金支出占国内生产总值和基本养老保险养老金支出的比重都不高。基于这个指标，我国城乡居民基本养老保险是可持续的。

图 4—19　基本养老保险养老金支出占国内生产总值的比重

注：图中数据根据国家统计局相关数据计算得到。

表 4—20　　　主要经合组织（OECD）国家基本养老保险养老金

占国内生产总值的比重[1]　　　单位：%

国家（时间）	比重	国家（时间）	比重	国家（时间）	比重
澳大利亚（2009）	3.50	希腊（2010）	13.50	新西兰（2009）	4.70

---

① 表格数据来源：世界银行（http://www.worldbank.org/en/topic/socialprotectionlabor/brief/pensions‑data）。

续表

国家（时间）	比重	国家（时间）	比重	国家（时间）	比重
奥地利（2009）	11.80	冰岛（2009）	1.70	挪威（2009）	5.20
比利时（2009）	9.80	爱尔兰（2009）	5.00	葡萄牙（2009）	11.60
加拿大（2009）	4.50	以色列（2009）	2.30	西班牙（2009）	8.20
丹麦（2009）	5.80	意大利（2009）	14.90	瑞典（2010）	8.20
芬兰（2009）	9.10	日本（2009）	10.10	瑞士（2008）	6.20
法国（2009）	13.30	卢森堡（2009）	5.90	英国（2009）	5.00
德国（2009）	10.60	荷兰（2009）	5.00	美国（2010）	6.80

资料来源：世界银行。

注：表格括号中的数字表示统计年份。

2. 政府债务占国内生产总值的比重

我国政府债务占国内生产总值的比重低于经合组织成员国家和印度。图4—20是我国和经合组织成员国家2005年以来政府债务占国内生产总值的比重变化情况，可以看出在这期间，我国政府债务占国内生产总值的比重有下降的趋势，而经合组织成员国家政府债务占国内生产总值的比重有不断上升的趋势，我国政府债务占国内生产总值的比重低于经合组织成员国家的平均水平。由于无法找到中等收入国家政府债务占国内生产总值的比重，这里只有同和我们国家比较类似的印度进行对比，与印度相比我国政府负债也不是太高。所以，从政府债务的指标角度，只要我国人均收入能够不断提高，同时政府债务长期内能够保持低水平[①]，城乡居民基本养老保险在政府财务方面可持续。

3. 基本养老保险养老金支出占政府财政收入比重

我国基本养老保险养老金支出占政府财政收入的比重在不断提高，城乡居民基本养老保险养老金支出占政府财政收入的比重比较低。图4—21是基本养老保险养老金支出占政府财政收入的比重的时间趋势，可以发现从2007年到2014年，基本养老保险养老金支出占政府财政收入的比重不

---

① 政府可能有很多隐性债务，比如中央地方政府已经开始承担一些地方政府债务，当前经济下滑，政府增加开支形成新的债务，我们需要持续观测这些债务的变化来随时调整该指标的计算。

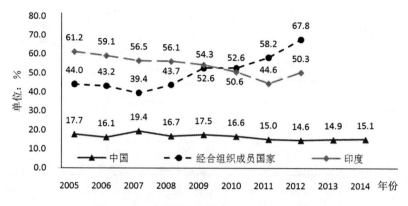

图4—20　政府债务占国内生产总值的比重

资料来源：国家统计局和世界银行。

断提高。城乡居民基本养老保险养老金支出占政府财政收入的比重也在不断提高，但是占政府财政收入的比重不高，以2014年为例，城乡居民基本养老保险养老金支出仅占政府财政收入的1.2%。虽然这部分无法找到其他国家的数据进行比较，但是城乡居民基本养老保险养老金支出占政府财政收入的比重非常低，所以可以推测政府在财务方面有能力维持这个保险项目运行。

4. 城乡居民基本养老保险基金收入情况

城乡居民基本养老保险基金收入和支出都在不断增长，虽然目前基金收入大于基金支出，但是基金支出增长率高于基金收入增长率。图4—22和图4—23分别是城乡基本养老保险养老金收支绝对数额和收支增长率情况，根据这两张图有以下几个方面的发现：首先，从2010年到2014年城乡居民基本养老保险养老金收支增长非常迅速。造成这种现象的原因在于城乡居民养老保险由开始试点到逐步扩大，参加保险的人数不断增加，所以保险基金收支增长都非常迅速。其次，目前城乡居民基本养老保险基金收入高于支出。目前多数缴费人群还未达到城乡居民养老保险金的领取年龄，缴费的人数多而领取的人数相对较少，所以保险基金收入大于支出。最后，城乡居民基本养老保险养老金支出增长率高于收入增长率。虽然城乡居民基本养老保险养老金收支均在增长，但是支出增长率高于收入增长率，城乡居民基本养老保险养老金存在潜

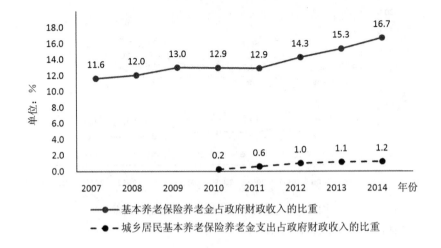

图4—21 基本养老保险养老金支出占政府财政收入的比重

注：图中数据根据国家统计局统计年鉴计算得到。

在的基金缺口风险，即在将来某个时刻会出现养老金支出高于养老金收入的情况。从前面分析可知，城乡居民基本养老保险的养老金规模不大，就算将来出现基金缺口政府也有能力通过补贴进行弥补。所以，从城乡居民基本养老保险基金收支的指标角度，城乡居民基本养老保险在政府财务方面可持续。

结合上述四个指标来看，中国新农保的可持续性在相当一段时间内比较乐观，未来有提高保障水平的空间。

（二）个人账户财务可持续性评估

1. 个人缴费能力可持续性评估

平均来说，个人有能力承担新农保的缴费，但是对低收入人群仍然有较大的缴费压力。表4—21是根据2015年国家统计年鉴的数据，分别计算的选择年缴费100元和500元占东、中、西部地区农村人均纯收入的比重。可以发现，由于三大地区的农村人均收入存在差异，参加新农保缴费占三个地区农村人均纯收入的比重也存在差异，但是总体来说三个地区的农村居民均有能力承担参加新农保的缴费。参加新农保选择最低缴费档次，每年仅需交100元的保费，这笔费用占三大地区的农村

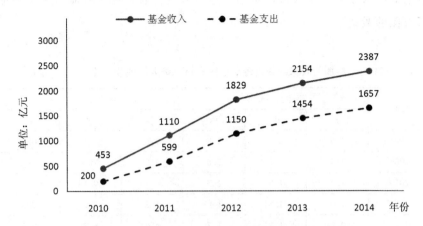

图 4—22　城乡居民基本养老保险基金收支情况

注：图中数据根据"人社部"各年报告计算得到。

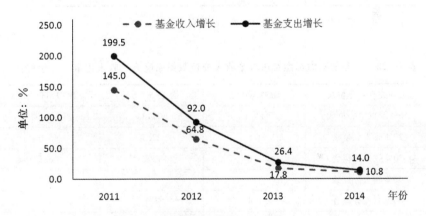

图 4—23　城乡居民基本养老保险基金收支增长情况

注：图中数据根据"人社部"各年报告计算得到。

人均纯收入的比重并不高。随着时间的推移，农村人均纯收入的不断提高，新农保缴费占农村人均纯收入的比重也在不断下降。相对于城镇职工养老保险个人缴费占个人工资收入水平的 8% 来讲，农村居民有能力承担参加新农保的缴费。表 4—22 是根据 2012 年 CFPS 数据计算的农村各个家庭人均收入分位数组选择的新农保缴费档次占家庭人均纯收入的比重，可以发现最低 10% 家庭人均收入组的人群就算选择最低缴费档次 100 元，也占到了家庭人均纯收入的 14.4%，可见参加新农保缴费会给低收入家庭带来较大的负担。总体来说，农村居民有能力承担参加新农保的缴费。

表4—21   参加新农保缴费占各个地区农村家庭人均纯收入比重   单位:%

年份	年缴费100元			年缴费500元		
	东	中	西	东	中	西
2008	1.5	2.2	2.8	7.6	11.2	14.2
2009	1.4	2.1	2.6	7.0	10.4	13.1
2010	1.2	1.8	2.3	6.1	9.1	11.3
2011	1.0	1.5	1.9	5.2	7.7	9.5
2012	0.9	1.3	1.7	4.6	6.7	8.3
2013	0.8	1.2	1.5	4.1	6.0	7.3
2014	0.8	1.0	1.2	3.8	5.0	6.0

注：表中数据根据2015年国家统计年鉴计算得到。

表4—22   参加新农保缴费占各个收入分位数组家庭人均收入比重   单位:%

人均纯收入分位数	缴费100元	缴费500元	缴费1000元
10%及以下分位数	14.4	71.8	143.5
20%收入分位数	4.5	22.5	45.0
30%收入分位数	2.6	13.2	26.3
40%收入分位数	1.9	9.4	18.7
50%收入分位数	1.4	7.1	14.3
60%收入分位数	1.1	5.7	11.4
70%收入分位数	0.9	4.7	9.4
80%收入分位数	0.8	3.8	7.6
90%收入分位数	0.6	2.9	5.8
90%及以上分位数	0.3	1.5	2.9

注：表中数据根据2012年CFPS数据计算得到。

2. 个人账户基金收支可持续性评估

为了评估新农保个人账户收支可持续性，本书根据新农保制度关于缴费和领取养老金待遇的相关规定建立了一个简单的精算模型进行模拟仿真。模型的基本假设如下：

（1）领取养老金年龄时个人账户理论收入可以表示为 $I_{理论} = \sum_{j=1}^{b-a} (c+s)(1+r)^j$，其中 b 是领取新农保养老金的年龄，a 是开始参加新农保缴费的年龄，j 是新农保缴费年限，c 是年缴费的金额，s 是政府每年对个人账户的补贴，r 是个人账户基金参考金融机构一年期存款利息收益率。

（2）除了选择将新农保个人账户的基金存入银行获得利息收入之外，还可以将这笔基金投资于其他领域获得更高的投资收益率。领取养老金年龄时个人账户实际收入为 $I_{实际} = \sum_{jj}^{b-a} (c+s)(1+i)^j$，其中 i 是个人账户基金实际投资收益率，其他变量的含义同理论收入的公式相同。

（3）参保人领取新农保养老金 m 年过后其个人账户基金累计余额为 E_m，$E_m = E_{m-1} \times (1+i) - \dfrac{I_{理论}}{n} \times 12$，其中 n 是养老金计发系数。

接下来对上面的模型采用不同的参数进行模拟。由于大部分参保人群选择年缴费 100 元，所以这里也假设 c 为 100 元，如果选择年缴费大于 100 元，只是使个人账户基金累计余额成比例变化，而不会影响个人账户累计余额出现基金缺口的时间；政府每年对个人缴费的补贴 s 为 30 元；缴费年数分别设置为 15 年、25 年和 35 年；领取养老金人群的极限寿命为 100 岁；个人账户基金实际投资收益率和一年期银行存款利息率分为相等和不相等两种情况进行讨论。

当实际投资收益率等于银行存款利息率时，银行存款利息率或者实际投资收益率越高，新农保个人账户基金累计余额出现缺口的时间越晚。图 4—24 是实际投资收益率等于银行存款利息下的仿真结果，可以发现当实际投资收益率为 2% 到 5% 时，个人账户累计余额出现缺口的年龄分别在 74 岁、74 岁、75 岁和 77 岁。这种情况下，个人账户基金累计余额出现缺口的年龄与缴费年限无关，而只与基金收益率相关。

通过上面的模型仿真发现，新农保个人账户基金总体可持续。在个人账户基金收益率等于银行存款利息的情况下，就算银行存款利息仅为 2% 或者 3% 时，个人账户基金出现缺口的时间为 74 岁。根据国家统计局 2010 年公布的我国人均预期寿命为 74.83 岁，这个年龄与个人账户出现基金缺口的年龄基本相等，所以就算直接将个人账户的基金存入银行获取银行的利息收益，也能够维持个人账户的基金收支平衡。如果提高基金管理水平和个人账户基金收益率，可以适当提高保障水平。

新农保个人账户基金可持续性在各个地区之间存在差异。根据国家统计局 2010 年的数据，目前我国人均预期寿命最高的地区为上海，其人均预期寿命为 80.26 岁，而我国人均预期寿命最低的地区为西藏自治区，其人均预期寿命仅为 69.17 岁。由于现阶段新农保个人账户基金由各个地区分散管理，而各个地区的人均预期寿命存在差异，所以各个地区的新农保个人账户基金出现缺口的情况不一样，因此各个地区新农保个人账户基金可持续性也不同。为了解决各个地区新农保个人账户基金可持续性不同的情况，一方面可以提高新农保个人账户基金统筹层次，实现在各个地区之间分散长寿风险的目的；另一方面可以实现不同的养老金计发系数，通过保险精算，在人均预期寿命高的地区采用较高的养老金计发系数，而在人均预期寿命低的地区采用较低的养老金计发系数。

三 提高新农保养老金可持续性的途径

虽然新农保养老金在政府财务方面可持续，在个人账户方面整体上可持续，但是随着人均预期寿命的增加，个别地区人均预期寿命比较高。为了进一步提高新农保个人账户基金的可持续性，本书尝试了提高个人账户投资收益率对新农保个人账户基金可持续性的影响。

当实际投资收益率不等于银行存款利息时，实际投资收益率越高、参加新农保缴费时间越长，新农保个人账户基金累计余额出现缺口的时间越晚。图 4—25 是将银行存款利息固定在 2%，而实际投资收益率为 3% 到 5% 情况下，新农保基金个人账户累计余额的情况。当实际收益率为 3% 时，缴费 15 年、25 年和 35 年人群个人账户基金出现缺口的年龄分别为 76 岁、77 岁和 78 岁；当实际收益率为 4% 时，缴费 15 年、25 年和 35 年人群个人账户基金出现缺口的年龄分别为 80 岁、83 岁和 89 岁；当实际收益率为 5% 时，缴费 15 年、25 年人群个人账户基金出现缺口的年龄分别为 86 岁、99 岁，而缴费 35 年的人群则不会有基金缺口存在。所以，提高个人账户基金投资收益率和鼓励增加农村居民的缴费年限可以增强新农保个人账户养老金的可持续性。

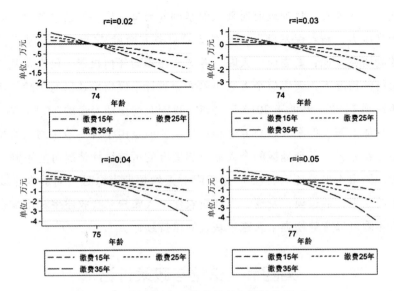

图 4—24 新农保个人账户养老金累计余额（一）

注：图中数据根据精算模型模拟得到，横轴上的年龄表示新农保个人账户累计余额出现缺口的年龄。

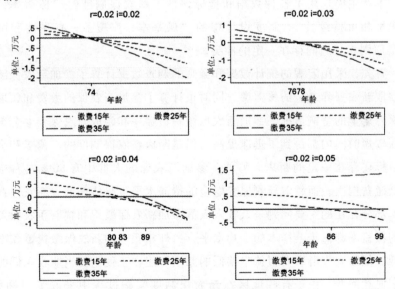

图 4—25 新农保个人账户养老金累计余额（二）

注：图中数据根据精算模型模拟得到，横轴上的年龄表示新农保个人账户累计余额出现缺口的年龄。

基于以上分析，可以得出如下结论：（1）从衡量政府财务可持续性的几个指标来看，目前政府对新农保基础养老金支出并不会给政府财政支出带来压力，新农保基础养老金在政府财务方面可持续。（2）基于典型个体的研究发现，新农保个人账户养老金在不做任何投资，仅仅将基金存入银行的情况下，新农保个人账户养老金累计余额出现缺口的年龄是典型个体活到74岁，略低于2010年公布的我国人均预期寿命的74.83岁。所以，总体上新农保个人账户养老金可持续，但是由于各个地区的人均预期寿命存在差异，各个地区的个人账户养老金的可持续性情况可能不同，需要考虑国家水平的统筹。（3）为了应对人均预期寿命延长对养老金支出带来的压力，通过模拟发现，提高新农保个人账户基金收益率和增加个人缴费年限可以有效增强个人账户基金的可持续性。

第四节　结论与政策讨论

一　主要结论

本章主要采用了各种数据和指标评估了新农保制度的"覆盖率，保障水平和可持续性"，制度设计中的"保基本，广覆盖，有弹性和可持续"原则相互之间存在一定的冲突。

首先，采用宏观的统计数据和微观的调查数据计算了参加新农保缴费和领取新农保养老金的覆盖率，同时也计算了参加新农保的缴费和领取新农保养老金的金额情况。参加新农保缴费覆盖率和领取新农保养老金覆盖率在较短时间内都得到了迅速提高，但是距离新农保制度的广覆盖和全覆盖目标还存在一定的距离。另外，参加新农保的人群中有80%左右选择最低缴费档次，而领取新农保养老金的待遇水平也整体偏低。新农保在覆盖率部分存在的主要问题是低收入人群参加新农保缴费和领取新农保养老金的覆盖率都低于全样本的平均水平，另外年轻人的新农保缴费覆盖率也偏低。低收入人群缴费覆盖率偏低的原因可能在于他们受当期收入低的约束不愿意缴费，由于有些地区在新农保制度实施过程中采取了"捆绑"政策，即家里有60岁以上成员领取新农保养老金，则其他未达到新农保养老金领取年龄的家庭成员需要参加新农保缴费，"捆绑"政策可能导致低收入人群领取养老金覆盖率偏低。年轻人参加新农保缴费覆盖率低的原因有很多：例如，个人的短视行为导致没有为养老做打算、可能会加入城镇职工养老保险，或者过早加入新农保的回报率不高等。参加新农保的意愿同家庭人均收入呈倒"U"型关系，表明新农保对高收入人群的吸引力不高，可能对于高收入人群而言缴费封顶，导致替代率低。

其次，采用新农保养老金的替代率衡量了新农保的保障水平，通过比较认为新农保养老金的目标替代率设定为 0.4 左右就可以保障农村老人的基本生活需求。通过保险精算模型计算发现，目前新农保养老金的保障水平整体偏低，主要原因在于个人缴费水平和新农保个人账户基金收益率太低。大多数参加新农保的人群选择缴费 100 元，将来的新农保个人账户养老金替代率仅仅为 0.002 到 0.025 之间，这个替代率起不到保障作用。如果新农保个人账户基金收益率太低，个人增加新农保缴费年限反而会降低新农保个人账户养老金的保障水平，这也是年轻人不愿意参加新农保的可能原因之一。采用 CHARLS 数据计算的新农保养老金替代率发现，由于新农保养老金没有随着农村居民收入和物价上涨等因素及时调整，新农保养老金替代率有随时间下降的趋势。通过微观数据还发现，虽然新农保养老金整体的替代率偏低，但是对于低收入家庭有较高的替代率，表明新农保养老金对低收入家庭的保障水平更高。

再次，从政府财政支付和个人账户养老金的角度考察了新农保养老金的可持续性。用于衡量政府养老保险财政可持续性的四个指标均反映出，政府对新农保支付的基础养老金和缴费补贴不会对政府的财政支出造成太大的负担，新农保养老金在政府财务支出方面可持续。基于典型代表个体分析新农保个人账户养老金可持续性发现，即使仅仅将新农保个人账户基金存入银行，新农保个人账户养老金累计余额在个人活到 74 岁时才会出现缺口，而 2010 年国家公布的我国人均预期寿命为 74.83 岁，所以新农保个人账户养老金在全国整体上可持续，但是各个地区由于人均预期寿命存在差异，人均预期寿命高的地区新农保个人账户养老金可持续性会面临一定的压力。通过参数模拟发现，新农保个人账户基金收益率和缴费年限是影响个人账户养老金可持续性的两个重要因素，新农保个人账户基金收益率越高、参加新农保缴费年限越长，新农保个人账户养老金的可持续性越强。

二　政策讨论

养老保险的"覆盖率，保障水平和可持续性"是相互联系的整体，所以需要从整体上进行评估。首先，覆盖率会影响保障水平和可持续性。如果养老保险达不到足够的覆盖率，则不能充分发挥养老保险提高保障水平的目的，而过高的覆盖率可能加大养老金支出的压力，影响养老保险的可持续性。其次，养老保险的保障水平会影响其可持续性。在养老金规模总量固定的情况下，养老保险的保障水平和可持续性之间存在此消彼长的关系。最后，养老保险的可持续性又会反过来影响覆盖率和保障水平。在养老金规模一定的情况下，为了追求养老金的可持续性，则很难实现较高的保障水平或者很高的覆盖率。养老保险覆盖率、保障水平和可持续性三者之间的关系如图4—26所示。

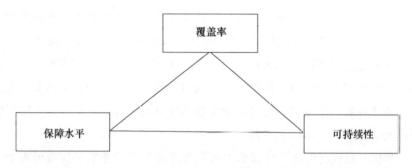

图4—26 养老保险覆盖率、保障水平和可持续性三者之间的关系

新农保制度设计中的"广覆盖，保基本，可持续"在目前并没有同时实现。新农保目前在领取养老金方面基本实现了广覆盖，也基本可持续，但是保障水平低。在覆盖率方面，虽然新农保的覆盖率在短期内实现了迅速的提高，但是仍然有许多人群没有加入新农保，特别是农村的年轻人。新农保的覆盖率在短期内迅速提高主要依靠政府财政的支持和低要求的参保条件，表现为政府将农村年满60周岁以上的农村居民自动纳入新农保的覆盖范围，直接给这部分人群发放基础养老金，而参加新农保选择最低缴费档次每年仅需100元，同时政府每年还给予缴费人群的个人账户30元及以上的补贴。在保障水平方面，目前新农保养老金的保障水平比较低，大部分领取养老金的人群只领取基础养老金，同时80%的参加新农保缴费的人群选择最低的缴费档次，可能预见将来从个人账户部分领取的养老金起的保障作用也不会太高。在可持续性方面，目前新农保制度在政府支出和个人账户基金方面基本可持续。目前新农保之所以可持续，主要是因为保障水平不高。如果目前仅仅依靠政府的力量提高新农保的保障水平，必然给政府的财政支出带来压力，从而影响新农保制度的可持续性。

目前新农保制度很难同时实现"广覆盖，保基本，可持续"三个目标的原因在于以下几个方面。首先，自由参保的政策、过短的最低缴费年限、过低的个人账户基金收益率，使年轻人参保的积极性不高，从而影响了广覆盖的目标。新农保制度规定最低只要求缴满 15 年就可以领取新农保养老金待遇，同时新农保个人账户基金的收益率仅仅按照一年期银行存款利息计算，抛开通货膨胀的因素影响，新农保个人账户基金的收益率甚至为负数，正如前面的模拟仿真发现，参加新农保缴费人群的缴费年限越长，将来领取的养老金起到的保障作用反而更低，这种政策设计降低了年轻人参加新农保的积极性。如果大量年轻农村居民没有参加新农保，会严重影响新农保制度期望实现的广覆盖或者全覆盖目标。其次，个人缴费过低和基金收益率过低，没有充分发挥新农保的保基本功能。目前参加新农保缴费的大部分人群选择年缴费 100 元，并且新农保个人账户基金收益率仅按照一年期银行存款利息计算，按照新农保养老金个人账户计发方式计算，将来从个人账户里面领取的养老金水平也非常低，所以很难实现新农保期望的保基本目标。最后，个人账户基金收益率过低影响了个人账户基金的可持续性。虽然按照目前的新农保个人账户基金收益率方式计算，新农保个人账户在全国范围内可持续，但是在人均预期寿命高的地区个人账户基金可持续性较低。另外，随着人们生活水平的不断提高，农村预期寿命的不断延长，新农保个人账户可持性会受到严重的影响。

新农保制度设计中的"保基本，广覆盖，有弹性和可持续"原则互相之间存在一定的冲突。为了"广覆盖和可持续"选择降低保障水平是符合现实的选择。在保障水平不高的情况下，新农保制度中真正的受益者是低收入人群，尤其是仅领取政府提供的新农保基础养老金的人群（即政策实施前年满 60 周岁的人群）。低收入人群的参保率不高，究其原因可能是低收入人群当期的收入无法满足当期的消费支出，因此参加新农保的积极性不高，而在目前制度设计下未参保人群将来也很难领取政府提供的基础养老金。低收入人群的低覆盖率使新农保的保障效果未能充分发挥。

第 五 章

新型农村社会养老保险对家庭消费的影响

社会养老保险的主要作用是避免人们因为步入老年后收入下降而使消费水平显著降低[1][2]，社会养老保险对家庭消费的影响在某种程度上反映了其保障程度。具体到新农保政策中，不同的新农保覆盖方式，对家庭消费影响的作用机制不同。对于在新农保试点过程中已经年满 60 周岁的农村居民，根据新农保政策，他们可以直接领取新农保基础养老金；而领取新农保基础养老金提高了家庭的收入水平，从而可能提高他们家庭的消费水平。对于新农保试点过程中未年满 60 周岁的农村居民，参加新农保需要缴费，而参加新农保缴费对家庭消费的影响机制比较复杂。根据经济学理论，在预算约束给定的情况下，缴纳养老保险会同时影响家庭的消费和储蓄，缴纳养老保险既可能增加也可能降低当前家庭的消费水平。在以下两种情况中养老保险可能提高消费：（1）回避长寿风险方面，厌恶风险的人在没有养老保险的情况下其储蓄率较有养老保险的个人更高；（2）养老金可以做税前扣除，而私人储蓄不可以，因此把储蓄转化成养老金可能会降低家庭储蓄的总额。当然由于新农保政策中还没有做出相应的规定，因此这部分影响在实际中可能较弱。在家庭储蓄充分的情况下，参加新农保缴费可以降低家庭储蓄率，从而提高家庭当前的消费水平。以上分析都是建立在经济理性的基础上，而现实中有两个原因可能导致上述结果

---

① Dorfman, M., Palacios, R., "World Bank Suport for Pensions and Social Security: Background Paper for the World Bank 2012 – 2022 Social Pretection and Labor Strategy", *Social Protection and Labor Discussion Paper*, 2012.

② Feldstein, M., Liebman, J. B., "Social Security", *Handbook of Public economics*, 2002, pp. 2245 – 2324.

不成立：第一，由于人们不够理性而导致储蓄不足；第二，尽管人们希望为退休提前做准备，但因为理财产品复杂、个人拖延等原因可能导致储蓄不足。在储蓄不足的情况下，参加新农保缴费会通过收入效应和替代效应两个方面影响家庭的消费。在收入效应方面，参加新农保缴费可以增加退休后的预期收入从而增加目前的消费水平[①]；在替代效应方面，参加新农保缴费使得目前用于其他消费的可支配收入降低，从而降低了当前家庭的消费水平。在家庭储蓄不足的情况下，参加新农保缴费对家庭消费的影响取决于收入效应和替代效应的相对大小。总之，新农保政策对家庭消费的影响需要从理论和实证两个方面予以回答。

　　本章从理论和实证两个方面分析了领取新农保养老金和参加新农保缴费对家庭消费的影响。在理论模型方面，采用了两时期家庭消费选择模型分析了新农保政策对家庭消费的影响。在实证分析方面，使用了2013年CHARLS数据，采用断点回归模型识别了领取新农保养老金对家庭消费的影响。由于新农保政策于2012年底在全国范围内铺开，因此采用2013年的数据可以全面估计领取新农保养老金对家庭消费的福利效果。本书还使用2011年、2013年的CHARLS面板数据考察了参加新农保缴费对家庭消费的影响。由于这两个调查年度刚好覆盖了新农保在部分地区试点和在全国范围内全面实施两个阶段，因此利用面板数据可以控制影响家庭消费的不可观测因素，从而有效解决了计量模型因为遗漏变量产生的内生性问题。通过实证模型估计发现，领取新农保养老金和参加新农保缴费均提高了家庭的消费水平，但是只提高了家庭在衣着、食品和医疗花费方面的支出；通过对不同人群的分组比较发现，领取新农保养老金只对中低收入家庭的消费水平有增进效应，而参加新农保缴费提高了中高收入家庭的消费。以上分析说明，目前新农保政策对中低收入人群起到了一定的福利效应，整体的保障水平还有待进一步提高。

---

　　① Feldstein, M., "Social Security, Induced Retirement, and Aggregate Capital Accumulation", *The Journal of Political Economy*, 1974, pp. 905 – 926.

第一节　理论模型

家庭消费是经济学中一个非常重要的问题，因此有许多理论解释家庭的消费，最具有代表性的消费理论有凯恩斯的绝对收入理论、杜森贝利的相对收入理论、莫迪利安尼的生命周期消费理论以及弗里德曼的永久收入理论。[①] 凯恩斯的绝对收入消费理论认为收入的增加会导致家庭消费的增加，但是消费提高的幅度不如收入提高得多；杜森贝利提出的相对收入理论认为消费是相对决定的，消费会受过去的消费习惯和周围人群消费水平的影响；莫迪利安尼的生命周期消费理论与凯恩斯的消费理论不同之处在于，凯恩斯假定特定时期的消费只受当期收入的影响，而莫迪利安尼强调人们会在更长时间内计划消费，以实现整个生命周期的最优消费配置；弗里德曼的永久收入理论认为永久收入决定了人们的消费支出。以上几种消费理论都认为收入决定了消费，除了收入以外还有其他因素可能会影响消费，例如利率、价格水平、收入分配和社会保障制度。总之，以上消费理论为本书构建理论模型分析新农保政策对家庭消费的影响提供了建立模型的思路。

类似于盖尔[②]研究企业养老金对家庭财富影响时构建的理论模型，本书构建了一个两时期消费决策模型分析新农保政策对家庭消费的影响。盖尔的模型假设一个典型家庭在 0 时期选择目前和未来的消费以实现终身效用最大化，基于终身的预算约束、外生的货币收入和企业提供的养老保险金，同时假定家庭每个时期的效用函数是等弹性的，即相对风险厌恶程度为中性（Constant Relative Risk Aversion，简称 CRRA），典型的家庭面临如下的最优化问题：

$$max_{\{C_t\}} V = \int_0^T \frac{C_t^{1-\rho}}{1-\rho} e^{-\delta t} dt + \lambda (\int_0^R E_t e^{-rt} dt - \int_0^T C_t e^{-rt} dt + \int_R^T B_t e^{-rt} dt) \quad (5—1)$$

其中，t 表示时间或者年龄，C 表示消费，ρ 表示相对厌恶系数，δ 表

---

① 高鸿业：《西方经济学》，中国人民大学出版社 2007 年版。

② Gale, W. G., "The Effects of Pensions on Household Wealth: A Reevaluation of Theory and Evidence", *Journal of Political Economy*, Vol. 106, No. 4, 1998, pp. 706 – 723.

示时间偏好系数，E 表示现金收入，r 表示实际利率，B 表示养老保险金收入，R 表示领取养老保险金的年龄，T 表示终身的时间跨度。通过求解以上模型，并且进行比较静态分析可以分析企业提供的养老保险金对家庭财富的影响。

盖尔构建的模型是为了分析企业提供的养老金对家庭财富的影响，退休年龄是内生的，而新农保领取养老金的年龄为外生，因此模型可以简化为两时期决策，个人只需要决定各个时期的储蓄和消费，而无须决策退休年龄。模型设置如下：（1）家庭的消费分为两个时期，第一个时期选择新农保缴费，第二个时期领取新农保养老金的待遇；（2）家庭在两个时期的消费分别为 C_1，C_2，相应的收入分别为 y_1，y_2；（3）家庭在第一个时期选择的新农保缴费金额为 B（$B \geq 0$），在第二个时期领取的新农保养老金待遇为 rB，其中 r 是新农保养老金的收益率；（4）假设第一个时期的价格水平为 1，第二个时期的价格水平为 P；（5）为了使模型得到显示解，将家庭的效用函数设置为对数的形式，同时假定家庭对消费的时间偏好为 δ。基于以上假设，家庭面临如下的最优化问题：

$$\max \ (C_1, \ C_2) \ U \ (C_1, \ C_2) \ = \ln \ (C_1) \ + \frac{1}{\delta} \ln \ (C_2) \quad (5—2)$$

$$s.t. \ C_1 + PC_2 = \ (y_1 - B) \ + P \ (y_2 + rB) \quad (5—3)$$

拉格朗日函数为：

$$L = \ln \ (C_1) \ + \frac{1}{\delta} \ln \ (C_2) \ + \lambda \ (y_1 - B) \ + P \ (y_2 + rB) \ - C_1 - PC_2$$

$$(5—4)$$

通过求解以上方程的一阶条件，可以得到：

$$C_1^* = C_2^* P \delta$$

将以上一阶条件的结果代入预算约束方程可以得出两个时期消费的最优解。

$$C_1^* = \delta / \ (1 + \delta) \ \{ \ (y_1 - B) \ + P \ (y_2 + rB) \} \quad (5—5)$$

$$C_2^* = \frac{1}{P \ (1 + \delta)} \ \{ \ (y_1 - B) \ + P \ (y_2 + rB) \} \quad (5—6)$$

从式（5—5）和式（5—6）的最优化结果可以发现，家庭在每个时期的最优消费取决于家庭的时间偏好系数、两个时期的收入水平、价格水平、第一个时期新农保缴费的数量以及新农保基金的收益率。

（注：这个模型没有长寿风险，因此储蓄和保险是一回事；同时风险态度的影响也产生不出来，前面说的厌恶风险的人有了保险消费可能上升，在这个模型就看不到结果。）

对第一期和第二期的最优消费 C_1^*，C_2^* 进行比较静态分析就可以得到新农保缴费和领取待遇对家庭消费的影响，比较静态分析的结果如下：

$$\frac{\partial C_1^*}{\partial B} = \frac{\delta}{1+\delta} \ (Pr-1) \tag{5—7}$$

$$\frac{\partial C_2^*}{\partial rB} = \frac{1}{1+\delta} \tag{5—8}$$

从式（5—7）中比较静态分析的结果可以看出，新农保缴费对家庭消费的影响大小取决于家庭的时间偏好、未来的价格水平和新农保养老金的收益率，其中未来的价格水平和新农保基金的收益率大小决定了新农保缴费对家庭消费影响的方向。如果未来的物价水平乘以新农保基金的收益率大于 1，则新农保缴费家庭会增加第一时期的消费，反之则会减少第一时期的消费。未来的物价水平如果上涨得非常厉害，第一时期消费更多是一种理性的选择。新农保养老金收益率比较高会产生收入效应，家庭会因为终身的收入提高而增加第一时期的消费，这种现象符合弗里德曼的永久收入理论。从式（5—8）中比较静态分析结果可以观测到，领取新农保养老金会增加第二个时期的消费。特别需要说明的是，新农保政策在试点过程中对于已经年满 60 周岁的农村居民直接发放了基础养老金，这笔基础养老金相当于模型中第二个时期取得了收入，而在第一个时期没有缴纳新农保的保费，所以基础养老金对于年满 60 周岁的农村居民来说只有收入效应，从理论上讲基础养老金会提高他们的家庭消费。

用最优化消费的结果对收入进行比较静态分析，可以得到每个时期收入的提高都会提高两个时期的消费水平，理论模型的预测与凯恩斯的消费理论和弗里德曼的永久收入消费理论预测结果一致。

$$\frac{\partial C_1^*}{\partial y_1} = \frac{\delta}{1+\delta} > 0 ; \ \frac{\partial C_1^*}{\partial y_2} = \frac{\delta P}{1+\delta} > 0$$

$$\frac{\partial C_2^*}{\partial y_1} = \frac{1}{P \ (1+\delta)} > 0 ; \ \frac{\partial C_2^*}{\partial y_1} = \frac{1}{(1+\delta)} > 0$$

用最优化消费的结果对新农保养老金收益率做比较静态分析，可以得出新农保养老金的收益率提高会使两个时期的消费水平提高。新农保养老金收益率提高会提高家庭的终身收入，从而可以增加每个时期的消费水平。

$$\frac{\partial C_1^*}{\partial r} = \frac{\partial PB}{1+\delta} > 0 \; ; \quad \frac{\partial C_2^*}{\partial r} = \frac{P}{(1+\delta)} > 0$$

通过以上分析可以发现，虽然本书采用的模型相对简单，但是模型的预测结果符合经典的消费理论。理论模型只能大致分析，新农保政策对家庭消费的影响，具体的影响大小和方向还必须通过实证方法进行识别。

第二节　领取新农保养老金对家庭消费的影响

为了识别领取新农保养老金和参加新农保缴费对农村居民家庭消费影响的因果关系，需要采用恰当的识别方法。经济学家普遍认为分析因果关系最理想的方式是做随机试验收集数据，通过比较处理组（treatment group）和对照组（control group）的差异找出变量间的因果关系，但是随机试验往往花费的成本比较高，甚至有些问题根本无法进行随机试验，[①]所以经济学中常常面临的是非随机试验数据。通过非随机试验得到的数据往往存在个体选择偏差，采用一般计量经济模会使估计结果有偏差和不一致，从而使得分析的结果也不可信。因此，在无法得到随机试验的数据情况下，经济学家想到了用其他方法进行补救，例如面板数据模型（panel data model）、双重差分模型（difference-in-difference）和断点回归（regression discontinuity design）等。

一　识别策略

领取新农保养老金受年龄的限制，只有年满 60 周岁的农村居民才有资格领取，由于领取新农保养老金存在年龄断点，所以非常适合运用断点回归设计的方法识别领取新农保养老金对农村居民家庭消费的影响。李

---

① 余静文、王春超：《新"拟随机实验"方法的兴起——断点回归及其在经济学中的应用》，《经济学动态》2011 年第 2 期。

（Lee）认为在随机试验不可取的情况下，断点回归可以克服计量模型的内生性问题，从而得到比较可靠的因果关系。结合伍德里奇（Wool-dridge）[①] 的教材和因本斯与列米欧（Imbens & Lemieux，2008）[②] 的文章，下面对断点回归方法识别领取新农保养老金对家庭消费的影响的方式进行说明。断点回归的方法最早由心理学家西斯尔和坎贝尔（Thistlewait & Campbell）于 20 世纪 60 年代提出，而计量经济学家哈恩（Hahn et al.）对断点回归的理论证明和模型识别做了重要的贡献，李最早对断点回归的方法进行了运用。断点回归的基本思想是断点两边的个体情况基本类似，断点两边个体是因为政策或者制度在断点两边的处理不同，而最终结果差异就可以归根于政策处理的不同。例如，年龄在 60 岁左右的农村居民个体之间在其他方面差异不大，但是新农保政策规定只有年满 60 周岁才有资格领取新农保养老金，60 周岁可以被理解为受领取新农保养老金政策处理的年龄断点。如果 60 岁左右的农村居民在其他方面相同，只是因为是否年满 60 周岁决定了他们能否领取新农保养老金，可以认为 60 周岁年龄断点两边人群消费的差异是由是否领取新农保养老金造成的。

断点回归可以分为明显断点回归（Sharp Regression Discontinuity Design，简称 SRD）和模糊断点回归（Fuzzy Regression Discontinuity Design，简称 FRD）。明显断点回归是指断点两边的个体受政策的处理有一个明显的规则，在断点一侧个体接受政策处理的概率是 0，而在断点另一侧接受政策处理的概率是 1。例如，如果所有未年满 60 周岁的农村居民都没有资格领取新农保养老金，而所有年满 60 周岁的农村居民都有资格领取新农保养老金，则就是一个明显断点的问题。模糊断点回归是指在断点两侧个体的受政策的处理取决于一定的概率，断点一侧个体受处理的概率大于另一侧个体被处理的概率。例如，在问卷中虽然有些受访者可能未年满 60 周岁（可能原因是受访者在问卷中回答的年份与身份证上的年龄不符合），但是他们还是领取了新农保养老金；而有些受访者尽管年满 60 周

[①]　Wooldridge, J. M., *Econometric Analysis of Cross Section and Panel Data*, MIT Press, 2012, pp. 954 – 959.

[②]　Imbens, G. W., Lemieux T., "Regression Discontinuity Designs: A Guide to Practice", *Journal of Econometrics*, Vol. 142, No. 2, 2008, pp. 615 – 635.

岁，但是由于某些原因仍然没有领取新农保养老金。总体来说，年满 60 周岁的农村居民领取新农保养老金的概率大于未年满 60 周岁的农村居民，这就是一个模糊断点的问题。

明显断点回归是模糊断点回归方法的基础，接下来将介绍明显断点回归方法如何识别领取新农保养老金对家庭消费的影响。假设有一组反事实（counterfactual）的结果变量标记为 y_{i0}，y_{i1}，分别表示未领取和领取新农保养老金的家庭消费，之所以称之为反事实的结果，是因为现实中往往不能同时观测到一个农村居民领取和未领取新农保养老金两种状态下的家庭消费。同时假设一个变量 x_i 决定了个体是否领取新农保养老金，这个变量被称为驱动变量（forcing variable）。具体到本书的研究中，年龄就是驱动变量，因为新农保政策规定只有年满 60 周岁的农村居民才有资格领取新农保养老金，年龄决定了农村居民是否有资格领取新农保养老金。

将是否领取新农保养老金的状态定义为 $w_i = 1\ [x_i \geq c]$，其中 1（·）是示性函数，当 $x_i \geq c$ 时，示性函数取值为 1 表示领取新农保养老金，反之取值为 0 则表示未领取新农保养老金。c 是驱动变量的门限值（threshold），驱动变量的门限值决定了个体是否受政策的处理，在本书中年龄的门限值取值为 60 周岁。根据以上定义的变量，任意一个家庭的消费可以通过下面的式子表示：

$$y_i = (1 - w_i)\ y_{i0} + w_i\ y_{i1} \tag{5—9}$$

对于 i 个家庭消费受领取新农保养老金的影响可以表示为：$\tau = y_{i1} - y_{i0}$，所以式（5—9）可以表示为：$y_i = y_{i0} + (y_{i1} - y_{i0})\ w_i = y_{i0} + \tau w_i$。由于家庭之间的消费受领取新农保养老金影响的差异比较大，估计单个家庭消费受是否领取新农保养老金影响的结论不具有普遍意义。类似于传统的普通最小二乘估计方法，断点回归方法也是估计家庭消费是否受领取新农保养老金影响的平均处理效应（average treatment effect），而不是单个家庭消费受领取新农保养老金影响的水平效应。为了用断点回归的方法估计领取新农保养老金的平均处理效应，需要以下假设：

将反事实的家庭消费的条件均值定义为：$\mu_g (x) = E (y_g | x)$，$g = 0，1$。明显断点回归一个非常重要的假设是 $\mu_g (x)$，$g = 0，1$ 在门限值 c 两边连续。

所以家庭消费的条件均值可以表示为：

$$E\ (y\mid x)\ =E\ (y_0+\tau w\mid x)\ =E\ (y_0\mid x)\ +\tau E\ (w\mid x)$$
$$=\mu_0\ (x)\ +\tau 1\ [x\geqslant c]$$

如果 $\mu_g\ (x)$，$g=0$，1 在门限值 c 两边连续，对家庭消费的条件均值在门限值 c 两边求极限可以得到：

$$m^-\ (c)\ =\frac{lim}{x\uparrow c}m\ (x)\ =\frac{lim}{x\uparrow c}\mu_0\ (x)\ +\tau\frac{lim}{x\uparrow c}1\ [x\geqslant c]\ =\mu_0\ (c)$$

$$m^+\ (c)\ =\frac{lim}{x\downarrow c}m\ (x)\ =\frac{lim}{x\downarrow c}\mu_0\ (x)\ +\tau\frac{lim}{x\downarrow c}1\ [x\geqslant c]\ =\mu_0\ (c)\ +\tau$$

所以，家庭消费受领取新农保养老金的影响可以表示为：

$$\tau=m^+\ (c)\ -m^-\ (c)$$

上式既可以通过非参数的方法也可以通过局部线性回归（local linear regression）的方法估计出具体的结果[1]。非参数估计方法是指不假定回归函数 $E\ (y\mid x)$ 的具体形式，在临界值两边分别估计条件均值函数，然后两个条件均值函数作差就是具体的估计结果。虽然非参数估计方法对函数的形式要求比较灵活，但是在计算方面比较困难。相对于非参数估计方法，局部线性回归在运算上比较简单。局部线性回归是指在门限值 c 两边分别选取离门限值 h 的数据做回归，这里的 h 被称之为带宽（bandwith）。在门限值 c 两边可以分别估计：

在门限值的左边估计：

$$(\alpha_l:\beta_l)\ =arg\frac{min}{\alpha_l:\beta_l}\sum_{i:c-h<x_i<c}\ [y_i-\alpha_l-\beta_l*(x_i-c)]^2$$

在门限值的右边估计：

$$(\alpha_r:\beta_r)\ =arg\frac{min}{\alpha_r:\beta_r}\sum_{i:c<x:i<c+h}\ [y_i-\alpha_r-\beta_r*(x_i-c)]^2$$

然后通过以上两式可以估计出局部线性函数的系数，将系数带入回归方程就可以得到条件均值的估计值：

$$\hat{m}^-\ (c)\ =\hat{\alpha}_l+\beta_l*\ (c-c)\ =\hat{\alpha}_l$$
$$\hat{m}^+\ (c)\ =\hat{\alpha}_r+\beta_r*\ (c-c)\ =\hat{\alpha}_r$$

---

① Imbens, G. W., Lemieux, T., "Regression Diccontinuity Designs: A Guide to Practice", *Journal of Econometrics*, Vol. 142, No. 2, 2008, pp. 615 – 635.

所以，$\hat{\tau} = \hat{m}^{+}(c) - \hat{m}^{-}(c) = \hat{\alpha}_r - \hat{\alpha}_l$。

采用图形可以更加直观地理解局部线性回归估计的原理（见图 5—1）。在门限值 c 左边估计一个线性方程得到截距项 $\hat{a}_i$，同时在门限值右边估计一个线性方程得到截距项 $\hat{a}_r$，领取新农保养老金对家庭消费的影响 $\hat{\tau}$ 可以表示为两个方程的截距项在门限值 c 的跳跃，表现为图中的虚线部分。

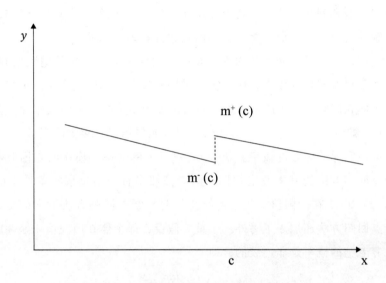

图 5—1　明显断点回归的局部多项式表示

当然上面的结果也可以通过下面的式子被等价估计出来[1]。

$$\min_{\alpha,\beta,\tau,\gamma} \sum_{i=1}^{N} 1\left[c - h \leqslant x\_i \leqslant c + h\right]$$
$$\times \left[y_i - \alpha - \beta \times (x_i - c) - \tau \times w_i - \gamma(x_i - c) \times w_i\right]^2$$

局部多项式估计方法中比较关键的问题是带宽的选择。带宽 h 的选择需要在偏差和方差之间进行权衡，如果选择的带宽越小意味着只采用少量数据进入模型，模型估计的系数偏差会减小但是方差会增大；如果选择的

---

[1]　Imbens, G. W., Lemieux, T., "Regression Diccontinuity Designs: A Guide to Practice", *Journal of Econometrics*, Vol. 142, No. 2, 2008, pp. 615 – 635.

带宽越大意味着更多的数据进入模型，模型估计的系数方差会减小但是偏差会增大。因本斯和卡利安（Kalyanaraman）提出了交叉验证（cross-validation）的方法选择断点回归中的最优带宽，这种方法的基本思想是通过选择带宽 h 使得在门限值两边结果变量的条件均值的估计值和真实值的均方误差之和最小，其运算公式如下：

$$h^{opt} = \frac{min}{h} E \left\{ \left[\hat{\mu_0}(c) - \mu_0(c) \right]^2 + \left[\hat{\mu_1}(c) - \mu_1(c) \right]^2 \right\}$$

因本斯和列米欧证明只要带宽满足：$h = o(N^{-a})$，$1/5 < a < 2/5$，通常的统计检验方法有效，并且估计的系数没有渐近偏差。

上面介绍的明显断点的内容，领取新农保养老金在年龄门限值 60 岁时可能不存在明显的断点，所以需要采用模糊断点回归的方法。模糊断点是指个体在门限值 c 两边是否领取新农保养老金依据一定的概率而不是确定的值，即 $P(w=1 \mid x) = F(x)$，但是农村居民在年龄门限值 60 岁以上领取新农保养老金的概率大于在 60 岁以下的概率。模糊断点回归和明显断点回归方法的基本假定相同，两者都假定有一组反事实条件均值 μ_g (x)，$g = 0, 1$ 在门限值 c 两边连续。与明显断点回归方法不同的是，模糊断点回归方法还加入了另外一个重要假设，即个体在门限值 c 处领取新农保养老金的概率是非连续的，即

$$\lim_{x \uparrow c} P(w_i = 1 \mid X_i = x) \neq \lim_{x \downarrow c} P(w_i = 1 \mid X_i = x)$$

同样根据式（5—9），家庭消费 y 的条件均值可以写成如下的形式：

$$E(y \mid x) = E(y_0 + \tau w \mid x) = E(y_0 \mid x) + E(w \mid x) E(y_1 - y_0 \mid x)$$
$$= \mu_0(x) + E(w \mid x) \tau(x)$$

和明显断点回归的原理相同，模糊断点回归仍然在门限值 c 两边取极限值，可以得到如下的式子：

$$m^+(c) = \mu_0(c) + F^+(c) \tau$$
$$m^-(c) = \mu_0(c) + F^-(c) \tau$$

根据断点回归个体在门限值 c 处被政策处理的概率非连续的假设，$F^+(c) \neq F^-(c)$，可以将 τ 写成如下的形式：

$$\tau = \frac{m^+(c) - m^-(c)}{F^+(c) - F^-(c)} = \frac{\tau_y}{\tau_w}$$

由于 m^+（c），m^-（c），F^+（c），F^-（c）在门限值 c 两边均可以被识别，其中 m^+（c），m^-（c）的估计方法同前面明显断点部分识别方法一致。而 F^+（c），F^-（c）可以通过下面的式子估计出来：

$$(\hat{\alpha}_{wl} : \hat{\beta}_{wl}) = arg \min_{\alpha_{wl} : \beta_{wl} i: c-h<x_i<c} \sum [y_i - \alpha_{wl} - \beta_{wl} * (x_i - c)]^2$$

$$(\hat{\alpha} wr : \beta_{wr}) = arg \min_{\alpha_{wr} : \beta_{wr} i: c-h<x_i<c} \sum [y_i - \alpha_w r - \beta_{wr} * (x_i - c)]^2$$

$$\hat{\tau}_w = \hat{\alpha}_{wr} - \hat{\alpha}_{wl}$$

在模糊断点情况下，领取新农保养老金 τ 对家庭消费的影响也可以被识别：

$$\hat{\tau} = \frac{\hat{\tau}_y}{\hat{\tau}_w} = \frac{\hat{m}^+（c） - \hat{m}^-（c）}{\hat{F}^+（c） - \hat{F}^-（c）}$$

上式既可以通过非参数估计方法识别，也可以通过两阶段最小二乘（2SLS）方法识别，以上两种识别方法是等价的[①]。断点回归模型采用两阶段最小二乘法识别的表达方式如下：

$$y_i = \beta_0 + \tau R_i + f（z_i） + \varepsilon_i$$

$$R_i = \alpha_0 + \alpha_1 D_i （z_i > 0, D_i = 1） + f（z_i） + \mu_i$$

其中，y_i 仍然表示家庭消费；R_i 是是否领取新农保养老金；z_i 是间断点差，即实际年龄减去断点门限值；$f（z_i）$ 是间断点差的多项式；D_i 是个体状态与断点差之间的关系，当断点差大于 0 时，D_i 取值为 1。可以说，明显断点回归相当于传统计量方法的最小二乘法，而模糊断点回归相当于两阶段最小二乘回归的方法。

在使用断点回归方法时需要注意两个非常重要的问题。第一个是，结果变量在驱动变量门限值处只能受关心的政策变量影响，不能有其他政策变量在门限值处也影响结果变量。如果同时有其他政策变量在驱动变量门限值附件影响结果变量就很难区分结果变量的影响是由哪一种政策造成的。第二个是，驱动变量不能被人为操纵。如果驱动变量可以被人为操纵，那么个体就可以通过改变驱动变量，根据自己的偏好进入驱动变量的

① Hahn, J., Todd, P., Van der Klaauw, W., "Identification and Estimation of Treatment Effects with a Regreseion - discontinuity Design", *Econsmetrica*, Vol. 69, No. 1, 2001, pp. 201 - 209.

左侧或者右侧，这样断点回归方法就不能识别政策处理的效果。所以，在使用断点回归方法之前需要做一些必要的检验。首先，需要检验驱动变量和其他控制变量不受政策处理变量的影响。这个检验相当于传统回归模型中自变量的外生性检验，只有满足外生性检验，估计的系数才能满足无偏差和一致性的假定。其次，需要检验驱动变量在门限值附近是否连续。如果驱动变量可以受人为操作，往往会在门限值附近出现跳跃①。再次，需要检验结果变量除了在驱动变量门限值出现跳跃之外，在驱动变量取其他值时不应该出现跳跃。② 如果结果变量在驱动变量取其他值时也存在跳跃，就很难相信结果变量在驱动变量门限值时的跳跃是受政策变量影响造成的。最后，需要检验结果变量受带宽选择的敏感性影响。因为选择的带宽发生变化，会同时影响估计的系数和相应的方差，如果估计的结果受带宽选择影响不敏感，说明估计的结果非常稳健。③④

二 数据描述

本书使用 2013 年的 CHARLS 数据实证研究了领取新农保养老金对农村居民消费的影响，因为新农保政策在 2012 年底才在所有县级地区全面开展，使用 2013 年的 CHARLS 数据具有很好的全国代表性。新农保政策是针对农村户籍的居民，但是有些农村户籍的居民可能生活在城镇地区，由于城镇地区和农村地区的消费习惯、环境等因素可能存在差异，所以本书只保留农村户籍且生活在农村的家庭。

本书对数据做了以下两个方面处理：一方面，由于本书研究的消费是以家庭为单位，家庭成员由于年龄不同受新农保政策的影响不同，同一个家庭可能既有家庭成员参加新农保，又有家庭成员领取新农保待遇两种情况，为了区分新农保参保和领取养老金待遇两种政策的不同效果，本书删

---

① McCrary, J., "Testing for Manipulation of the Running Variable in the Regression Discontinuity Design, Forthcoming", *Journal of Econometrics*, 2008.

② Imbens, G. W., "Nonparawetric Estimation of Average Treatment Effects under Exogeneity: A Review", *Review of Economics and Statistics*, Vol. 86, No. 1, 2004, pp. 4 - 29.

③ Lee, D. S., Moretti, E., Butler, M. J., "Do Voters Affect or Elect Policies? Evidence from the us House", *The Quarterly Journal of Economics*, 2004, pp. 807 - 859.

④ Lemieux, T., Milligan, K., "Incentive Effects of Social Assistance: A Regression Discontinuity Approach", *Journal of Econometrics*, Vol. 142, No. 2, 2008, pp. 807 - 828.

掉了同时存在参保和领取新农保待遇的家庭。另一方面，如果有些家庭成员加入了城镇职工养老保险也可能会影响本书的识别效果，所以本书同时也去掉了有家庭成员加入城镇职工养老保险的家庭。李和列米欧认为缩小带宽可以很好地控制年龄效应，本书将年龄带宽设置为 10 岁，通过数据清理过后用于实证模型的样本为 4346 个家庭。

三　实证结果

（一）　断点回归结果设计适用条件的检验

使用断点回归设计分析领取新农保养老金待遇对家庭消费影响之前，有必要对断点回归设计应用的条件进行检验，这样也有利于对断点回归设计方法的理解。接下来对断点回归应用的条件进行三个方面的检验：首先，检验了年龄与领取新农保养老金待遇之间是否存在断点；其次，检验了断点两边除了年龄以外其他主要控制变量是否存在差异；最后，检验了年龄断点作为是否领取新农保养老金工具变量的有效性。

图 5—2 说明年龄与是否领取新农保养老金待遇之间存在明显的断点。领取新农保养老金待遇在年龄为 60 岁左右存在明显的跳跃，这与新农保政策规定年满 60 周岁才能领取新农保养老金待遇相符合。领取新农保养老金待遇在年龄为 60.75 岁时存在最大的跳跃，而非政策规定的年满 60 周岁，张川川等人认为这可能是各个地区在发放新农保养老金时存在季节性，据笔者调查发现某些地区全年仅在年初上报该年度符合新农保待遇领取的人员，所以新农保养老金在发放过程中存在时滞。根据图 5—2 的结果，本书在回归中将年龄断点设置为 60.75 岁。

表 5—1 是年龄断点左右不同位置的新农保待遇领取、家庭消费和其他变量的描述性统计。根据表 5—1 的结果可以发现，新农保养老金待遇领取率在年龄断点左右两侧存在明显的差异，在年龄断点左侧新农保养老金领取率非常低，而到了年龄断点右侧该指标明显提高，到了年龄断点右侧 63.75 岁时新农保养老金待遇领取率高达 96.0%。此外，从表 5—1 可以发现，在年龄断点左右两侧教育、家庭收入和家庭规模均不存在非常明显的差异，而家庭消费存在一定的差异，说明领取新农保养老金待遇可能影响家庭的消费。

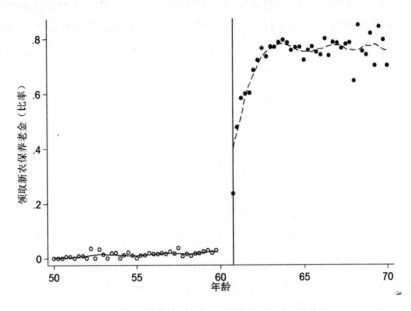

图5—2 年龄与领取新农保养老金待遇的关系

注：图中数据来源于 2013 年的 CHARLS 调查，图中的圆圈或者圆点表示各个年龄下领取新农保养老金待遇的比率，图中的曲线为相应的局部多项式估计结果，而图中的竖线表示年龄为 60.75 岁。

表5—1 　　　　　　　　　　　主要变量描述性统计 　　　　　　　单位：千元

	断点左侧			断点	断点右侧		
	-3	-2	-1	0	1	2	3
领取率	0.01	0.00	0.01	0.10	0.50	0.73	0.81
总消费	21.57	18.61	20.28	19.62	18.60	18.26	18.85
食品支出	9.29	7.60	8.83	8.85	8.72	8.21	9.00
衣着支出	0.90	0.68	0.80	0.71	0.69	0.71	0.68
居住支出	2.45	2.12	1.83	2.00	1.82	2.04	1.67
设备及用品支出	0.90	0.65	1.04	0.76	0.53	0.75	0.74
交通通信支出	1.54	1.48	1.37	1.37	1.20	1.12	1.11
医疗保健支出	5.66	3.80	4.72	3.09	4.50	4.93	4.88
其他支出	0.21	0.19	0.19	0.41	0.21	0.16	0.13
家庭收入	27.39	19.62	22.28	16.48	16.51	22.22	21.54

续表

	断点左侧			断点	断点右侧		
	-3	-2	-1	0	1	2	3
受教育年限	3.63	3.60	3.37	3.12	2.77	2.55	2.54
家庭规模	3.78	3.53	3.79	3.57	3.44	3.58	3.60
样本量	244	268	268	204	216	218	205

资料来源：2013 年 CHARLS 数据。

注：年龄间断点左右侧下面的数字对应于年龄断点加减该数字，例如年龄断点左侧 -3 表示为 57.75 岁，而年龄断点右侧 +3 表示 63.75 岁。

表 5—2 是年龄断点左右侧新农保养老金待遇领取工具变量有效性检验估计的结果，即断点回归设计的一阶段估计。表 5—2 的被解释变量是是否领取新农保养老金待遇，解释变量是年龄断点虚拟变量（断点右侧设置为 1，左侧为 0），（1）—（5）列是分别加入不同多项式的估计结果。年龄断点虚拟变量对是否领取新农保养老金的影响在加入几种多项式过后均在 1% 的显著性水平下显著，年龄断点右侧人群比左侧人群领取新农保养老金的可能性提高了 71.1% 到 79.5%。工具变量有效性的 F 检验相应的 P 值为 0，说明本书采用年龄断点虚拟变量作为是否领取新农保养老金的工具变量是可行的。

表 5—2　　新农保养老金领取年龄制度对是否领取养老金的影响

	(1)	(2)	(3)	(4)	(5)
年龄虚拟变量	0.793 ***	0.795 ***	0.754 ***	0.755 ***	0.711 ***
	(0.007)	(0.007)	(0.008)	(0.008)	(0.009)
年龄 -60.75	0.007 ***	0.007 ***	0.012 ***	0.011 ***	0.018 ***
	(0.000)	(0.000)	(0.001)	(0.001)	(0.001)
（年龄 -60.75）^2		0.000	0.000 ***	0.000 ***	0.000 ***
		(0.000)	(0.000)	(0.000)	(0.000)
（年龄 -60.75）^3			0.000 ***	0.000 ***	0.000 ***
			(0.000)	(0.000)	(0.000)

续表

	(1)	(2)	(3)	(4)	(5)
（年龄 - 60.75）^4				0.000 ***	- 0.000
				(0.000)	(0.000)
（年龄 - 60.75）^5					0.000 ***
					(0.000)
地区控制变量	是	是	是	是	是
常数项	0.069 ***	0.066 ***	0.081 ***	0.077 ***	0.098 ***
	(0.005)	(0.006)	(0.006)	(0.006)	(0.006)
样本量	9481	9481	9481	9481	9481
Adjusted R-squared	0.834	0.834	0.837	0.837	0.839
Prob > F	0.000	0.000	0.000	0.000	0.000

注：***、**、* 分别表示在 1%、5% 和 10% 的显著性水平下显著，括号内报告了异方差稳健的标准差。

（二）领取新农保养老金待遇对家庭消费支出影响的估计结果

表 5—3 是领取新农保养老金待遇对家庭消费影响的断点回归设计估计结果。表 5—3 中（1）—（8）列表示家庭消费及消费的各个维度。所有的被解释变量均采用对数形式，所以估计的系数表示弹性或者半弹性系数，领取新农保养老金是本书最为关心的解释变量。为了缩小模型估计的标准差，在模型中还加入了家庭规模、家庭人均收入、对受访者的教育年限和地区固定效应。

表 5—3　　领取新农保养老金待遇对家庭消费支出影响的估计结果

	(1)	(2)	(3)	(4)	(5)	(6)	(7)	(8)
变量名	总消费	食品	衣着	居住	设备用品	交通通信	医疗	其他
领取养老金	0.183 **	0.179 *	0.290 **	0.028	- 0.132	0.056	0.311 **	0.518
	(0.089)	(0.100)	(0.114)	(0.090)	(0.266)	(0.099)	(0.158)	(0.350)
二次多项式	- 0.001	- 0.003	- 0.002	- 0.002	- 0.013 **	0.001	- 0.002	0.000
	(0.002)	(0.002)	(0.002)	(0.002)	(0.005)	(0.002)	(0.004)	(0.006)
家庭规模	0.149 ***	0.119 ***	0.199 ***	0.162 ***	0.076 ***	0.140 ***	0.082 ***	0.055 *
	(0.008)	(0.009)	(0.010)	(0.008)	(0.021)	(0.009)	(0.014)	(0.032)

续表

	（1）	（2）	（3）	（4）	（5）	（6）	（7）	（8）
Ln 家庭收入	0.056 ***	0.030 ***	0.070 ***	0.053 ***	0.040 *	0.073 ***	-0.008	0.045
	（0.009）	（0.009）	（0.010）	（0.008）	（0.024）	（0.009）	（0.015）	（0.034）
受教育年限	0.027 ***	0.013 **	0.028 ***	0.015 ***	0.021	0.020 ***	0.012	0.077 ***
	（0.005）	（0.006）	（0.006）	（0.005）	（0.015）	（0.006）	（0.009）	（0.019）
地区固定	是	是	是	是	是	是	是	是
常数项	6.014 ***	5.645 ***	2.568 *	4.084 ***	8.950 **	3.510 ***	3.468 *	11.417 ***
	（1.112）	（1.193）	（1.416）	（1.040）	（3.590）	（1.260）	（2.063）	（3.936）
样本量	4346	3783	3194	4248	962	4001	3689	608
R^2	0.146	0.070	0.185	0.158	0.013	0.153	0.012	0.079

注：***、**、*分别表示在1%、5%和10%的显著性水平下显著，括号内报告了异方差稳健的标准差。表中的被解释变量均采用对数形式，所以估计的系数表示弹性或者半弹性。

表5—3的回归结果显示，领取新农保养老金待遇对家庭总消费、食品支出、衣着支出和医疗支出有着显著的正向影响，而对居住支出、设备用品支出、交通通信支出和其他支出影响不显著。具体来说，领取新农保养老金使家庭总消费支出平均提高了18.3%，并且估计结果在5%的显著性水平下显著。这个结果与马光荣采用 CFPS 数据估计的结果非常相似，他估计的系数显示领取新农保养老金使家庭消费支出平均提高了22%。不同于马光荣只估计了领取新农保养老金对家庭总消费的影响，本书还对家庭消费支出的各个类别进行了估计。领取新农保养老金待遇使家庭食品支出、衣着支出和医疗支出分别提高了17.9个、29.0个和31.1个百分点。领取新农保养老金对居住和家庭设备及用品等的消费支出影响在统计上不显著，而食品、衣着和医疗支出属于家庭的基本消费支出，反映出新农保养老金的保障水平还比较低。另外，从表5—3的估计结果还可以发现，家庭规模、家庭人均收入和受教育年限对家庭消费和消费的各个类别均存在正向的显著影响，说明本书的估计结果与直观的逻辑相符合。

（三）领取新农保养老金待遇对不同类型家庭消费支出影响的异质性检验

不同类型的家庭领取新农保养老金待遇对其消费的影响程度可能不同，本书从家庭收入、领取新农保养老金金额和教育程度三个维度进行了分组，检验领取新农保养老金待遇对家庭消费影响的异质性。在家庭收入方面，以家庭人均收入中位数为临界点，将家庭分为家庭人均中位数以下和以上两类，分别表示中低收入家庭和中高收入家庭；在领取新农保养老金金额方面，将家庭分为只领取基础养老金和非基础养老金两类，新农保在开展过程中年满60周岁不用交费可以直接领取基础养老金，对于这部分人群新农保养老金是一笔额外收入，所以本书也特别关心这类人群的家庭消费；不同教育程度的人群可能对新农保政策的理解不同，所以本书对教育按照小学以下和小学及以上两个维度进行了分组。

表 5—4　　　　领取新农保养老金待遇对不同类型家庭消费
支出影响的异质性检验

变量名	(1) 总消费	(2) 食品	(3) 衣着	(4) 居住	(5) 设备用品	(6) 交通通信	(7) 医疗	(8) 其他
低于中位数	0.286**	0.218	0.415**	0.087	0.438	0.086	0.417*	1.143
	(0.135)	(0.149)	(0.176)	(0.134)	(0.457)	(0.144)	(0.250)	(0.696)
高于中位数	0.116	0.158	0.240	-0.023	-0.348	0.101	0.264	0.210
	(0.118)	(0.134)	(0.149)	(0.124)	(0.355)	(0.141)	(0.205)	(0.415)
基础养老金	0.198**	0.219**	0.288**	0.017	-0.088	0.036	0.364**	0.599
	(0.096)	(0.107)	(0.126)	(0.096)	(0.283)	(0.106)	(0.170)	(0.378)
非基础养老金	0.401	0.101	0.774	-0.323	0.812	-0.310	0.411	3.116
	(0.508)	(0.609)	(0.642)	(0.549)	(2.108)	(0.583)	(0.976)	(2.555)
小学以下	0.136	0.230*	0.314**	0.096	-0.386	0.106	0.348*	0.552
	(0.115)	(0.131)	(0.149)	(0.116)	(0.362)	(0.123)	(0.202)	(0.434)
小学及以上	0.208	0.096	0.286	-0.035	0.240	-0.039	0.235	0.266
	(0.146)	(0.163)	(0.187)	(0.146)	(0.409)	(0.169)	(0.268)	(0.695)

注：***、**、* 分别表示在1%、5%和10%的显著性水平下显著，括号内报告了异方差稳健的标准差。表中的被解释变量均采用对数形式，所以估计的系数表示弹性或者半弹性。

领取新农保养老金待遇对不同收入水平的家庭消费支出影响存在异质性。表5—4的结果显示，领取新农保养老金对于家庭人均收入处于中位数以下的家庭消费总支出、衣着支出和医疗支出存在显著的正向影响，而对于家庭人均收入处于中位数以上的家庭消费支出的影响在统计上不显著。领取新农保养老金的收入占家庭人均中位数以下的家庭收入比重更高，而占家庭人均收入中位数以上的家庭收入比重相对较低，所以新农保养老金对于家庭人均收入在中位数以下家庭的收入效应更大，对家庭消费支出的正向作用也更显著。另外，领取新农保养老金对家庭消费的影响在只领基础养老金的家庭中显示出更显著的正向影响，而对于超过基础养老金的家庭虽然也有正向影响，但是在统计上不显著。

四　稳健性检验

这部分从如下两个角度检验结果的稳健性，在分析领取新农保养老金对消费影响时选择不同的年龄断点和带宽。通过选择不同的年龄断点和带宽分析发现，前面分析的领取新农保养老金对家庭消费的影响是稳健的。在断点选择上，分别在 57 岁和 63 岁时重新进行了断点回归，结果发现这两个断点对结果变量影响均不显著，说明领取新农保养老金除了本书选择的断点之外并不存在其他年龄断点。在带宽选择上，重新将带宽选择了 5 岁和 8 岁，由于带宽缩短导致了结果的显著性有所下降，但是估计的系数变化并不大（见表 5—5）。

表 5—5　　　　　　领取新农保养老金对家庭消费影响的稳健性检验

不同断点	(1) 总消费	(2) 食品	(3) 衣着	(4) 居住	(5) 设备用品	(6) 交通通信	(7) 医疗	(8) 其他
断点 = 57 岁	2.715	3.610	16.126	-6.921	-195.322	-10.001	3.515	17.537
	(9.405)	(16.810)	(121.446)	(12.080)	(2955.282)	(10.151)	(7.989)	(35.522)
断点 = 63 岁	0.787	0.588	-0.969	0.199	1.243	-0.210	-0.436	0.120
	(0.663)	(0.680)	(0.814)	(0.653)	(2.048)	(0.757)	(1.109)	(1.239)
带宽 = 5 岁	0.186	0.083	0.323	-0.014	0.323	0.126	0.407	-0.072
	(0.158)	(0.177)	(0.201)	(0.159)	(0.512)	(0.170)	(0.274)	(0.561)
带宽 = 8 岁	0.195*	0.176	0.353***	-0.008	-0.178	0.081	0.292	0.588
	(0.108)	(0.121)	(0.135)	(0.106)	(0.322)	(0.116)	(0.186)	(0.393)

注：***、**、* 分别表示在 1%、5% 和 10% 的显著性水平下显著，括号内报告了异方差稳健的标准差。表中的被解释变量均采用对数形式，所以估计的系数表示弹性或者半弹性。

第三节　参加新农保缴费对家庭消费的影响

一　识别策略

本书采用面板数据模型识别参加新农保缴费对家庭消费的影响。新农保实行自由参保的政策，参保人群和未参保人群在样本中并非随机出现，是否选择参加新农保缴费受个人偏好的影响，偏好同时又可能影响家庭消费决策，而个人偏好往往无法观测，直接估计参加新农保缴费对消费的影响容易使回归模型遭受遗漏变量问题（omitted variables），从而导致估计的回归系数有偏差和不一致。解决模型遗漏变量问题有两种方法，一种是采用工具变量的方法，另外一种就是面板数据的方法。安格瑞斯特（Angrist）认为在找不到合适的工具变量情况下，面板数据固定效应模型可以消除个体中存在的不可观测效应，从而可以识别政策对结果变量处理的平均效应。下面简单解释面板数据模型如何识别参加新农保缴费对家庭消费的影响。

模型的基本假定如下：（1）假设有一组反事实的观测结果 y_{it}（0）和 y_{it}（1），分别代表参加新农保缴费和未参加新农保家庭的消费。（2）假设 W_{it} 是一个二元变量，当 $W_{it}=1$ 表示个体 i 在时间 t 参加新农保缴费，当 $W_{it}=0$ 表示个体 i 在时间 t 未参加新农保，用 $w_i=$（w_{i1}，$w_{i2}\cdots w_{it}$）表示个体在整个观测时间内的参保状态。根据以上假设，任何一个个体 i 在时间 t 的家庭消费可以表示为：

$$y_{it} = (1-w_{it})y_{it}(0) + w_{it}y_{it}(1) = y_{it}(0) + w_{it}[y_{it}(1) - y_{it}(0)]$$

$$(5—10)$$

假定未参保家庭消费的条件均值与参加新农保缴费无关：$E[y_{it}(0) \mid c_i, X_{it}, t, w_{it}] = E[y_{it}(0) \mid c_i, X_{it}, t]$，其中 c_i 表示个体不可观测效应，比如个人的偏好等；X_{it} 是其他可观测控制变量，例如人口社会学特征、家庭特征等；t 表示时间虚拟变量。面板数据模型估计政策处理的平均效应的关键假设是个体不可观测效应不随着时间变化而改变，即不可观测效应 c_i 的脚标里面没有时间变量。

对于未参加新农保缴费家庭消费的条件均值可以用以下式子表示：

$$E[y_{it}(0) \mid c_i, X_{it}, t] = \alpha + c_i\gamma + X_{it}\beta + t\delta \qquad (5—11)$$

根据式（5—10），任何一个家庭消费的条件均值可以表示为如下的式子：

$$E\left(y_{it}\mid c_i,\ X_{it},\ t,\ w_{it}\right)=\alpha+c_i\gamma+X_{it}\beta+t\delta+\tau w_{it} \qquad (5\text{—}12)$$

其中 τ 就是需要估计的参加新农保缴费对家庭消费影响的系数，α，γ，β，δ 其实是待估计的系数。

根据式（5—12）可以将回归方程写成如下的式子：

$$y_{it}=c_i+X_{it}\beta+t\delta+\tau w_{it}+\varepsilon_{it} \qquad (5\text{—}13)$$

其中 $c_i\equiv\alpha+c_i\gamma$，$\varepsilon_{it}$ 是回归方程的残差项。

式（5—13）是一个面板数据模型，对于 c_i 和 x_{it} 关系的不同假设，可以将面板数据模型分为随机效应模型和固定效应模型。如果 $cov\left(c_i,\ X_{it}\right)=0$，即不可观测效应 c_i 和其他控制 X_{it} 之间不相关，则式（5—13）被称为随机效应模型（random effect）。在随机效应模型假设下，不可观测效应 c_i 的存在不影响模型系数估计结果的一致性，采用普通的最小二乘法就可以一致估计政策处理效应 τ；如果 $cov\left(c_i,\ X_{it}\right)\neq0$，即不可观测效应 c_i 和其他控制 X_{it} 之间相关，则式（5—13）被称为固定效应模型（fixed effect）。在固定效应的情况下，采用同随机效应一样的估计方法，会使得模型估计的系数有偏和不一致。

在固定效应模型情况下，为了得到系数的一致估计可以采用两种方法消除不可观测效应。一种方法是组内作差的方法（demeaning），利用不可观测效应不随时间变化的特征，这种方法是以时间为维度对回归方程做平均，让每一个方程减去对时间做平均的方程即可以将不可观测效应去掉，然后用消除不可观测效应的数据进行估计模型。另一种方法是差分的方法（first differenceing），这种方法还是以时间为维度，用方程的后一项减去方程的前一项，这样也可以消除不可观测效应。可以证明，如果只有两期观测值的情况下，组内作差的方法和差分的方法得到的估计结果是等价的。

豪斯曼（Hausman）提出了一种检验方法可以确定面板数据应该使用随机效应模型还是固定效应模型。Hausman 检验的基本思想是如果模型存在随机效应，那么采用固定效应模型的估计结果和随机效应的结果应该差异不会太大。Hausman 检验的统计量如下：

$$H=\left(\hat{\delta_{FE}}-\hat{\delta_{RE}}\right)'\left[A\hat{var}\left(\hat{\delta_{FE}}\right)-A\hat{var}\left(\hat{\delta_{RE}}\right)\right]^{-1}\left(\hat{\delta_{FE}}-\hat{\delta_{RE}}\right)\sim\chi^2_M$$

其中 $\hat{\delta_{FE}}$，$\hat{\delta_{RE}}$ 分别表示固定效应和随机效应的估计系数，$A\hat{var}\left(\hat{\delta_{FE}}\right)$，

$Av\hat{a}r$（$\hat{\delta}_{RE}$）分别表示固定效应和随机效应估计的方差，H 服从自由度为 M 的卡方分布。

二 数据描述

本书使用 2011 年和 2013 年的 CHARLS 面板数据实证研究了参加新农保缴费对农村居民消费的影响，新农保政策在 2012 年底才在所有县级地区开展，所有 2011 年和 2013 年的数据跨越了开展的前后，可以形成很好的对照作用。在数据处理方面，只保留了年龄在 60 岁以下的农村居民家庭，其他方面的数据处理同前面一样，同样删除了同时存在既有领取新农保养老金又有参加新农保缴费的家庭，最终符合要求的总样本为 7111 个家庭。表 5—6 是未参保和参保家庭消费的描述性统计表，可以发现参保家庭的消费支出平均高于未参保家庭的支出。

表 5—6   描述性统计表   单位：千元

	未参保家庭			参保家庭		
	均值	标准差	样本量	均值	标准差	样本量
总消费	19.77	23.07	3960	22.91	29.55	4187
食品支出	7.93	7.62	3772	9.32	10.15	3880
衣着支出	1.12	1.83	3717	1.16	1.70	3879
居住支出	1.77	2.81	3902	2.17	3.49	4102
设备及用品支出	0.71	3.05	3856	1.03	7.61	4080
交通通信支出	1.43	2.03	3903	1.80	2.77	4104
医疗保健支出	3.41	11.51	3788	3.79	10.79	3960
其他支出	0.26	1.08	3893	0.29	1.90	4116

三 实证结果

（一）参加新农保缴费对家庭消费支出影响的估计结果

表 5—7 的（1）—（8）报告了参加新农保缴费对家庭消费支出影响的面板数据固定效应模型的估计结果，所有的被解释变量均采用对数形式，所以估计的系数表示弹性或者半弹性系数。固定效应和随机效应模型选择的 Hausman 检验卡方值也超过了临界值，说明应该采用固定效应模型。参加新农保缴费作为虚拟变量是本部分最为关心的解释变量，同时在

模型中还加入了家庭收入、家庭规模和时间控制变量。

表5—7 参加新农保缴费对家庭消费支出影响的估计结果

变量名	(1) 总消费	(2) 食品	(3) 衣着	(4) 居住	(5) 设备用品	(6) 交通通信	(7) 医疗	(8) 其他
参加缴费	0.124***	0.119***	-0.070	0.025	0.024	0.133***	0.129*	0.219
	(0.035)	(0.045)	(0.051)	(0.035)	(0.238)	(0.041)	(0.071)	(0.150)
Ln家庭收入	0.002	-0.015	0.025**	-0.006	-0.082	0.023**	-0.016	-0.050
	(0.008)	(0.010)	(0.011)	(0.008)	(0.051)	(0.009)	(0.016)	(0.032)
家庭规模	0.106***	0.056***	0.099***	0.104***	0.009	0.127***	0.081***	0.101
	(0.014)	(0.018)	(0.021)	(0.014)	(0.112)	(0.016)	(0.028)	(0.069)
时间=2013	-0.146	-0.065	-0.262	0.266**	-0.965	-0.261**	-0.207	0.307
	(0.110)	(0.139)	(0.163)	(0.110)	(0.720)	(0.127)	(0.229)	(0.471)
常数项	1.874	3.102	-4.672	5.175*	-28.107	-4.608	-4.932	5.311
	(3.148)	(3.971)	(4.651)	(3.144)	(20.826)	(3.639)	(6.536)	(13.554)
样本量	7111	6552	5936	7036	1667	6828	6203	1201
R^2	0.052	0.031	0.023	0.116	0.050	0.060	0.029	0.211
Hausman chi	39.14	26.86	38.55	47.04	10.59	52.99	6.23	12.38

注:***、**、*分别表示在1%、5%和10%的显著性水平下显著,括号内报告的是标准差。固定效应和随机效应模型选择的Hausman检验的卡方值均大于临界值,所以适合选用固定效应模型。表中的被解释变量均采用对数形式,所以估计的系数表示弹性或者半弹性。

从表5—7的模型可以发现,参加新农保缴费对于家庭总消费支出、食品支出、交通通信支出和医疗支出也有着显著的正向影响。参加新农保缴费对家庭消费支出的估计系数为0.124,并且在1%的显著性水平下显著,说明参加新农保缴费使家庭消费支出平均提高了12.4个百分点。参加新农保缴费也只主要提高了家庭的基本消费支出,而对于家庭发展消费支出影响在统计上仍然不显著。以上实证结果符合直觉,我国农村的储蓄率比较高①,在储蓄充足的情况下,新农保政策的开展增强了家庭的预期

① 马光荣、周广肃:《新型农村社会养老保险对象家庭储蓄的影响:基于CFPS数据的研究》,《经济研究》2014年第11期。

保障水平，释放了家庭的消费能力，提高了当前的家庭消费水平。当然，从提高家庭消费支出的结构可以发现，参加新农保缴费也主要提高了家庭的食品和医疗方面的支出，从而反映出了新农保政策的整体保障水平不是太高。

（二）参加新农保缴费对不同类型家庭消费支出影响的异质性检验

不同类型的家庭参加新农保缴费对其消费的影响程度也可能不同，本书从家庭收入、新农保缴费金额和教育程度三个维度进行了分组，检验参加新农保缴费对家庭消费影响的异质性。这部分对于家庭收入和教育的分组方式与上部分相同。在参加新农保缴费分组方面，由于数据观察发现大部分参加新农保的人群选择年缴费100元，所以本书以年缴费是否为100元为临界点，将参加新农保缴费的人群分为年缴费为100元和大于100元两类，分别表示选择低档次缴费人群和高档次缴费人群。

表5—8　参加新农保缴费对不同类型家庭消费支出影响的异质性检验

维度	(1) 总消费	(2) 食品	(3) 衣着	(4) 居住	(5) 设备用品	(6) 交通通信	(7) 医疗	(8) 其他
低于中位数	0.065	0.084	-0.129	-0.009	0.915	0.089	0.146	0.022
	(0.062)	(0.091)	(0.113)	(0.071)	(0.665)	(0.070)	(0.134)	(0.425)
高于中位数	0.071**	0.116*	0.183**	0.005	0.033	0.128**	-0.035	0.294
	(0.036)	(0.061)	(0.067)	(0.054)	(0.283)	(0.061)	(0.108)	(0.227)
年缴费100元	0.027	0.064	0.180**	0.015	0.091	0.070	-0.057	-0.034
	(0.048)	(0.065)	(0.069)	(0.049)	(0.291)	(0.057)	(0.096)	(0.250)
年缴费 > 100元	0.211***	0.174**	0.121	-0.005	-0.178	0.193***	0.352***	0.201
	(0.064)	(0.076)	(0.091)	(0.061)	(0.487)	(0.070)	(0.133)	(0.284)
小学以下	0.126**	0.128*	-0.104	-0.061	-0.223	0.141**	0.156	0.244
	(0.057)	(0.071)	(0.079)	(0.057)	(0.388)	(0.064)	(0.112)	(0.390)
小学及以上	0.118***	0.108*	-0.037	0.078*	0.189	0.115**	0.121	0.206
	(0.045)	(0.059)	(0.067)	(0.045)	(0.299)	(0.053)	(0.093)	(0.159)

注：***、**、*表示在1%、5%、10%的显著性水平下显著，括号内报告的是标准差。表中的被解释变量均采用对数形式，所以估计的系数表示弹性或者半弹性。

　　表5—8的模型估计结果显示，参加新农保缴费对于不同收入水平和年缴费水平的家庭消费支出存在明显的异质性，而对于不同受教育程度的受访者家庭消费支出不存在异质性。在家庭人均收入类型方面，参加新农保缴费对于家庭人均收入处于中位数以上的家庭消费支出的影响才显著，而对于中位数以下的家庭虽然也有正向影响，但是在统计上不显著。其可能原因在于，中高收入家庭在新农保政策之前本身的储蓄就比较高，新农保政策的开展降低了他们的家庭储蓄，增加了当期的消费水平。而中低收入家庭普遍面临储蓄不足的问题，新农保政策的开展，只是相当于增加了当期的储蓄，对消费的影响作用不显著。在不同年缴费类型的家庭方面，参加新农保只对选择年缴费高于100元的家庭消费支出在1%的显著性水平上显著，而对于仅仅选择年缴费100元的家庭消费支出在10%的显著性水平上都不显著，说明参加新农保缴费对于选择较高缴费档次的家庭保障作用更大。而在不同教育程度的受访者方面，参加新农保缴费对于受教育程度为小学以下和小学及以上两类家庭的消费支出的影响均不存在异质性。

（三）加入工具变量的估计结果

　　参加新农保缴费在样本中并非随机出现，所以样本可能存在自选择的问题，自选择问题会导致估计的模型有偏和不一致。虽然采用面板数据固定效应模型估计参加新农保缴费对家庭消费支出的影响会很大程度上消除由于自选择带来的内生性问题，但还是可能存在潜在的内生性问题。本书继续采用工具变量解决潜在的内生性问题，以进一步验证前面估计结果的稳健性。由于新农保政策在地区试点的基础上逐步展开，各个地区实施新农保政策的时间可能不完全相同，各个地区新农保政策实施的时间作为外生的政策变量可以被当作很好的工具变量。表5—9是采用工具变量面板数据固定效应模型估计的参加新农保缴费对家庭消费的影响，可以发现加入工具变量过后，参加新农保缴费仍然对家庭消费支出、食品支出、衣着支出有显著的正向影响，估计的系数与固定效应模型非常接近，说明模型不存在内生性的问题。

表 5—9　　　　参加新农保缴费对家庭消费支出影响的稳健性检验结果

变量名	(1) 总消费	(2) 食品	(3) 衣着	(4) 居住	(5) 设备用品	(6) 交通通信	(7) 医疗	(8) 其他
参加缴费	0.127***	0.137***	−0.064	0.034	−0.025	0.147***	0.086	0.163
	(0.037)	(0.047)	(0.053)	(0.036)	(0.243)	(0.042)	(0.074)	(0.152)
常数项	9.034***	8.467***	6.022***	6.645***	7.931***	6.091***	6.872***	6.482***
	(0.076)	(0.096)	(0.111)	(0.075)	(0.586)	(0.086)	(0.149)	(0.353)
样本量	6715	6191	5594	6642	1579	6442	5863	1132

注：***、**、*分别表示在 1%、5% 和 10% 的显著性水平下显著，括号内报告的是标准差。表中的被解释变量均采用对数形式，所以估计的系数表示弹性或者半弹性。

四　传导机制

领取新农保养老金和参加新农保缴费对家庭消费支出均有正向的影响，下面将探究二者是如何影响家庭消费的。首先，领取新农保养老金对农村家庭来说算得上是一笔不小的收入，而参加新农保缴费占家庭收入的比重非常低，所以参加新农保的收入效应大于替代效应。其次，参加新农保缴费可能会影响将来依靠养老金养老的态度，而依靠养老金养老的态度会促进当前的家庭消费支出。

参加新农保的家庭收入效应大于替代效应。虽然大部分地区达到新农保养老金领取年龄的人群每月只能领取 55 元的基础养老金，但是如果夫妻双方均能够领取，根据样本中的 2013 年数据计算发现，新农保养老金平均占 60 岁以上人群家庭收入的 10% 左右，所以新农保基础养老金有比较大的收入效应。另外，目前新农保缴费占家庭收入的比重非常低，大部分参保人群选择年缴费 100 元，根据 2013 年样本的数据计算，年缴费 100 元仅仅占农村家庭年均收入的 2%，所以参加新农保缴费对家庭当前消费的替代效应非常低。

参加新农保缴费可能会影响对将来养老生活来源的预期，从而改变当前的消费。CHARLS 数据中设计了关于个人老年过后主要依靠生活来源的问题①，本书通过线性概率模型估计发现，参加新农保缴费会显著影响将来养老依靠生活来源的态度。表5—10是参加新农保缴费对老年生活来源态度影响的估计结果，可以发现参加新农保缴费对依靠子女作为生活来源的可能性会降低5.3%，而依靠养老金作为生活来源的可能性会提高4.8%，以上两个估计系数均在1%的显著性水平下显著。

参加新农保缴费提高了人们对养老金作为老年主要生活来源的可能性，认为养老金作为老年主要生活来源的人群也倾向于提高当前的消费水平。表5—11估计了养老金作为老年主要生活来源的态度对目前家庭消费的影响，由于参加新农保和依靠养老金的态度之间可能存在双向因果关系，所以在估计面板数据随机效应模型时加入了各地开展新农保的时间作为工具变量。表5—11的结果显示，认为依靠养老金作为老年主要生活来源的人群对目前的家庭总消费支出、食品支出、衣着支出、设备用品支出和医疗支出均存在正向的影响，并且在一定的显著性水平下显著。

表5—10　　　　　参加新农保缴费对养老生活来源态度的影响

变量名	(1) 子女	(2) 储蓄	(3) 养老金	(4) 商业养老保险	(5) 其他
参加新农保缴费	-0.053 ***	0.014	0.048 ***	-0.002	-0.007
	(0.017)	(0.011)	(0.014)	(0.002)	(0.010)
常数项	2.824 *	0.497	-3.583 ***	-0.002	1.264
	(1.547)	(0.993)	(1.213)	(0.208)	(0.849)
样本量	6852	6852	6852	6852	6852
R^2	0.011	0.002	0.033	0.001	0.012
Hausman chi^2	21.54	4.02	18.31	6.38	10.81

注：***、**、*分别表示在1%、5%和10%的显著性水平下显著，括号内报告的是标准差。

① CHARLS调查问卷相应的问题为"如果将来您老了干不动工作了，您认为生活来源主要是什么？选项依次是子女、储蓄、养老金、商业养老保险和其他"。

表 5—11　认为将来依靠养老金作为主要生活来源对当前家庭消费的影响

变量名	(1) 总消费	(2) 食品	(3) 衣着	(4) 居住	(5) 设备用品	(6) 交通通信	(7) 医疗	(8) 其他
依靠养老金	1.174 **	0.896 *	2.019 ***	− 1.299 **	4.689 **	− 0.812	2.009 **	− 7.899
	(0.462)	(0.466)	(0.676)	(0.480)	(2.289)	(0.531)	(0.858)	(17.486)
常数项	7.285 ***	7.108 ***	3.118 ***	1.654 ***	6.473 ***	5.039 ***	6.187 ***	5.179
	(0.476)	(0.515)	(0.682)	(0.491)	(1.893)	(0.559)	(0.883)	(9.247)
样本量	6516	6026	5453	6458	1539	6263	5698	1114

注：***、**、*分别表示在1%、5%和10%的显著性水平下显著，括号内报告的是标准差。表中的被解释变量均采用对数形式，所以估计的系数表示弹性或者半弹性。

　　家庭消费对整个经济社会的健康发展具有重要影响。本书采用 CHARLS 数据从领取新农保养老金和参加新农保缴费两个视角对家庭总消费和不同类型的消费支出影响进行了细致的研究。

　　本书的主要发现有：

　　（1）领取新农保养老金和参加新农保缴费对于家庭消费支出均有正向影响。领取新农保养老金使家庭消费支出平均提高了 18.3%，而参加新农保缴费使家庭消费支出平均提高了 12.4%。

　　（2）领取新农保养老金和参加新农保缴费主要提高了家庭的基本消费支出，表现为只提高了食品支出、衣着支出和医疗支出。

　　（3）领取新农保养老金和参加新农保缴费对于不同类型的家庭消费支出影响存在异质性。主要表现为：领取新农保养老金只显著提高了家庭人均收入处于中位数以下的家庭，而参加新农保缴费只显著提高了家庭人均收入处于中位数以上的家庭；领取新农保养老金对于只领取基础养老金的家庭消费支出具有显著的正向影响；参加新农保缴费只对年缴费高于 100 元的家庭消费支出具有显著影响。

　　（4）参加新农保缴费可以影响人们对步入老年后依靠养老金养老的预期。预期将来依靠养老金作为生活来源的家庭也倾向于提高目前的家庭消费水平，所以参加新农保缴费的家庭通过形成对养老金养老的预期，间接提高了目前的家庭消费支出。

　　本书的发现说明：（1）新农保养老金并没有平滑中低收入家庭的消费，表现为领取新农保养老金提高了他们家庭的消费水平，而参加新农保缴费对家庭消费的影响不显著，所以对中低收入家庭而言新农保养老金更多的是一项福利政策。（2）新农保制度对中高收入家庭的消费起到了平滑作用。参加新农保缴费只显著提高了中高收入家庭的消费，表明中高收入家庭更关注新农保平滑消费的保险功能。不同人群对新农保制度的福利政策效果和保险作用需求存在一定的差异。

第 六 章

新型农村社会养老保险对劳动供给的影响

在经济学理论中，劳动供给指的是在一个给定的工资率水平下，劳动者愿意提供的劳动时间。从宏观上来看，影响劳动供给的因素包括人口规模、人口自然结构变化、教育水平以及社会文化习俗等。从微观上来看，影响个人劳动供给决策的主要因素则来自于对劳动与闲暇之间选择的权衡。当劳动者处于较低收入水平的时候，增加其收入会提高闲暇的机会成本，从而使劳动者增加劳动时间以获得更高的收入，提升自身的效用水平；而当劳动者收入达到一定水平之后，劳动者对闲暇的需求随着收入的增加而提高（假设闲暇是一种正常商品），因此劳动者愿意减少劳动时间以提高闲暇时间，从而提高效用。

劳动供给不仅影响劳动者个人的收入，还会对国家宏观经济形势带来一定的影响。目前我国劳动人口中的低年龄组劳动参与率较过去有明显的下降趋势，根据我国 2000 年第五次人口普查和 2010 年第六次人口普查数据，30—34 岁、35—39 岁年龄段的劳动参与率在十年间降低了约 4%。未来，随着我国人口老龄化的加剧，我国劳动参与率将进一步下降。劳动力供给的变化和人口抚养负担的加重给"十三五"提出的"保持我国经济中高速增长，强化创新引领作用"等经济发展目标提出新的挑战。

社会保障制度不仅为劳动者在暂时或永久失去劳动能力、劳动机会和劳动收入的时候提供了基本的物质和非物质生活保障，还发挥着调节劳动力市场可持续运行的重要功能。根据经济学理论，养老保险的建立会通过提高劳动者现在或未来的预期收入，降低其劳动或储蓄的动机。特别是对即将面临退休或已经处于退休状态的人来说，养老保险制度可能使其更早地主动退出劳动力市场，或者减少劳动时间的投入。由于人们的健康和寿命都在改善，如果养老保险使得有劳动能力的人选择了提前退休，说明养老保险造成道德风险的同时也降低了劳动力市场的运行效率。但对于低收入或者健康状况差的人群来说，缺乏养老保障可能造成过度劳动而使其生活质量过于低下。如果养老保险降低了这类人群的劳动供给，说明达到了养老保险的福利政策效果。新农保政策是否降低了劳动力市场的运行效率，或者是否起到了一定的福利政策效果，是本章需要研究的问题。

本章同样从理论和实证两个角度考察了领取新农保养老金和参加新农保缴费对农村居民劳动供给的影响。本书采用农业劳动参与、非农劳动参加、非农劳动供给时间和计划停止工作的年龄四个指标反映农村居民的劳动供给情况。通过实证研究发现，领取新农保养老金只是略微降低了农业劳动参与的可能性，提前了计划停止工作的年龄。通过对不同人群分组检验发现，领取新农保养老金只降低了中低收入和健康状况差的人群的劳动供给；而参加新农保缴费对劳动供给无论从整体上，还是对不同人群的影响均不显著。研究结果说明，新农保政策目前起到了一定的福利效果，但由于现阶段保障水平不高，并未降低劳动力市场的运行效率。

第一节 理论模型

基于贝克尔（Becker）的时间分配模型，本书构建了新农保对家庭劳动供给影响的理论模型。模型的基本假设如下：（1）代表性的家庭效应取决于消费和闲暇，家庭的效用函数为 $U(C, L)$，效用函数满足消费和闲暇的边际效用为正（$U_C > 0$，$U_L > 0$），且消费和闲暇都满足边际效用递减规律（$U_{CC} < 0$，$U_{LL} < 0$），消费和闲暇互为互补品（$U_{CL} = U_{LC} > 0$）；（2）家庭总的时间禀赋为 T，用于劳动 R 和闲暇 L；（3）家庭的消费取决于劳动收入和新农保养老金的预期收入 $E(P)$，其中工资水平为 w；（4）新农保的缴费水平为 p，是一个外生变量，由于新农保缴费和取得的收入往往不是同一个时间，所以假设新农保养老金预期收入的贴现率为 r。根据以上假设，家庭通过选择劳动供给的数量实现家庭效用的最大化。

$$max_R^U = U(C, L) \qquad (6—1)$$

$$s.\,t \begin{cases} L = T - R \\ C = wR - P + \dfrac{E\ (P)}{1 + r} \end{cases} \tag{6—2}$$

将消费和闲暇代入效用函数并对劳动 R 求导，可以得到下面的一阶条件：

$$wU_C - U_L = 0 \tag{6—3}$$

式（6—3）的一阶条件表明，当消费的边际效用乘以工资等于闲暇的边际效用时家庭实现效用最大化。

用家庭效用最大化的一阶条件分别对新农保缴费和新农保养老金预期收益做比较静态分析可以得到如下的式子：

$$\frac{\partial L}{\partial P} = \frac{wU_{CC} - U_{LC}}{wU_{CL} - U_{LL}} < 0 \tag{6—4}$$

$$\frac{\partial L}{\partial E\ (P)} = \frac{(1 + r)\ U_{LC} - wU_{CC}}{(1 + r)\ (wU_{CL} - U_{LL})} > 0 \tag{6—5}$$

式（6—4）的结果表明，家庭闲暇的时间会因为新农保缴费的提高而降低，说明劳动供给会因为新农保缴费的提高而增加，这种现象被称为新农保政策对劳动供给的替代效应影响。式（6—5）说明家庭闲暇的时间会因为新农保养老金的预期收益提高而增加，相应地劳动供给会因为养老金预期收益率的提高而降低，这种现象被称为新农保政策对劳动供给的收入效应影响。

新农保政策对家庭劳动供给的影响取决于替代效应和收入效应的相对大小。对于正在缴纳新农保保费的家庭，新农保政策对这类家庭劳动供给的影响取决于替代效应和收入效应的相对大小，如果替代效应大于收入效应，则家庭的劳动供给会因为缴费增加而提高劳动供给，反之则会减少劳动供给；对于已经领取新农保养老金待遇的家庭，新农保政策会减少这类家庭的劳动供给。新农保政策从试点到全面展开需要一定的时间，在这个过程中绝大部分年满 60 周岁的农村居民都能够享受到新农保养老金的待遇而不需要缴纳保费，新农保政策对于目前绝大部分领取待遇的家庭只有收入效应而不会产生替代效应，所以新农保政策会减少这部分家庭的劳动供给。总之，新农保政策对家庭劳动供给的影响需要用实证方法做进一步检验。

第二节　领取新农保养老金对劳动供给的影响

一　实证方法

本书采用模糊断点回归（Fuzzy Regression Discontinuity Design）考察领取新农保养老金对农村居民劳动供给的影响，模型设定如下：

$$y_i = \beta_0 + \tau R_i + \beta_k f(z_i) + \varepsilon_i \qquad (6\text{—}6)$$

$$R_i = \alpha_0 + \alpha_1 D_i(z_i > 0, \ D_i = 1) + \alpha_k f(z_i) + \mu_i \qquad (6\text{—}7)$$

式（6—6）中，y_i 表示劳动供给；下标 i 表示第 i 个受访者；R_i 是领取新农保养老金待遇虚拟变量，领取新农保养老金待遇时取值为 1，否则取值为 0；z_i 是受访者 i 的年龄减去新农保待遇领取年龄的差，被称为驱动变量（forcing variable）；$f(z_i)$ 是驱动变量的多项式，它的作用是减小估计的误差。式（6—7）中，D_i 是受访者 i 是否达到新农保待遇领取年龄的虚拟变量，达到新农保待遇领取年龄取值为 1，否则取值为 0；τ 是本书关心的新农保待遇领取对劳动供给影响的处理系数。

二　数据描述

本章同样使用了 2013 年 CHARLS 数据考察领取新农保养老金对劳动供给的影响，CHARLS 数据包含了大量的个人工作相关的信息，非常适合分析新农保政策对劳动供给的影响。新农保政策对 60 岁以下参保缴费和 60 岁以上领取新农保养老金待遇的劳动供给影响机制不同，本书将采用不同的识别策略实证分析新农保政策对这两类人群劳动供给的影响。由于识别策略不同，采用的 CHARLS 数据的样本也有所差异。在识别领取新农保养老金待遇时使用了断点回归设计的方法，年龄断点同样选择在了 60.75 岁。为了能够较好地控制年龄效应，本书仅保留 2013 年 CHARLS 数据中年龄为 50.75 岁到 70.75 岁的样本，通过数据清理最终进入模型的样本为 3592 个。

本书采用三个指标从结构和数量上衡量问卷中受访者的劳动供给。第一个指标是是否参与劳动，包括农业劳动和非农劳动；第二个指标是提供非农劳动的时间①；第三个指标是计划停止工作的年龄，反映了退出劳动的时间安排。由于这个变量存在较多缺失值，本书根据个体的人口社会学特征、家庭特征及地区特征对缺失值进行了插值处理。第一个指标反映了劳动供给的结构，第二个和第三个指标反映了劳动供给的数量。表6—1是劳动供给的描述性统计。

表6—1 样本描述性统计表

60 岁及以上人群	未领取			领取			
	均值	标准差	样本量	均值	标准差	样本量	T 值
农业劳动参与	0.76	0.43	330	0.59	0.49	2833	5.75
非农业劳动参与	0.20	0.40	89	0.09	0.28	1228	3.71
非农劳动供给时间	55.47	19.55	29	51.41	31.50	113	0.66
计划停止工作年龄	67.47	2.95	330	71.65	4.11	2833	-17.90

注：表中数据根据 CHARLS 数据计算得到。

从表6—1可以发现：60岁及以上农村居民是否领取新农保养老金在劳动供给方面存在差异，领取新农保养老金的农村居民比未领取新农保养老金的农业劳动参与率、非农劳动参与率和非农劳动供给时间更低，而计划停止工作的年龄更高。

三 实证结果

（一）领取新农保养老金对劳动供给影响的断点回归估计结果

表6—2是采用断点回归设计估计的领取新农保养老金待遇对农村居民劳动供给的影响报告，（1）—（2）列分别是对农业劳动和非农业劳动的估计结果，（3）是对非农业劳动供给时间的影响，（4）是对计划停止工作年龄的影响。

---

① CHARLS 数据调查问卷中没有设计关于农业劳动供给时间的问题。

表 6—2　　　　　　　领取新农保养老金待遇对劳动供给
影响的断点回归模型估计结果

变量	（1）农业劳动参与	（2）非农业劳动参与	（3）非农劳动供给时间	（4）计划停止工作年龄
领取养老金待遇	− 0.058 *	− 0.010	9.803	− 0.142 *
	（0.035）	（0.073）	（8.003）	（0.077）
家庭规模	− 0.004	− 0.009	− 0.826	0.050 ***
	（0.004）	（0.007）	（0.611）	（0.008）
Ln（家庭人均收入对数）	− 0.006	0.035 ***	2.096 ***	− 0.064 ***
	（0.004）	（0.008）	（0.787）	（0.010）
受教育年限	0.003	0.025 ***	0.022	− 0.422 ***
	（0.003）	（0.005）	（0.487）	（0.006）
自评健康好	0.007	0.083 *	6.593 **	0.748 ***
	（0.017）	（0.044）	（2.693）	（0.041）
自评健康差	− 0.158 ***	− 0.166 ***	3.117	− 1.012 ***
	（0.017）	（0.028）	（4.420）	（0.033）
地区固定效应	是	是	是	是
常数项	2.447 ***	− 1.263	104.027	34.453 ***
	（0.723）	（1.394）	（119.542）	（1.526）
样本量	3592	911	404	3591
R²	0.047	0.196	0.042	0.936

注：***、**、* 分别表示在 1%、5% 和 10% 的显著性水平下显著，括号内报告的是异方差稳健的标准差。

领取新农保养老金待遇稍微降低了农村老人参与农业劳动的可能性和提前了他们计划停止工作的年龄。表 6—2 第（1）列中，领取新农保养老金待遇的估计系数为 − 0.058，估计的结果在 10% 的显著性水平下显著，说明领取新农保养老金待遇使农村居民参与农业劳动的可能性平均下降了 5.8 个百分点。第（2）和第（3）列中领取新农保养老金待遇的估计系数在 10% 的显著性水平下仍然不显著，表明领取新农保养老金待遇对非农业劳动参与和非农业劳动供给时间在统计上并没有影响。第（4）

列中，领取新农保养老金待遇对计划停止工作的年龄估计系数为 - 0. 142，这个系数也在 10% 的显著性水平下显著，反映出领取新农保养老金使农村居民计划停止工作的年龄平均提前了 0. 142 岁。

表 6—2 的估计结果还表明，农村居民的家庭人均收入、受教育年限和健康状况对他们的劳动供给也存在着影响。在家庭人均收入方面，家庭收入越高农村老人越倾向于提高非农业劳动的参与和提高非农业劳动供给的时间，同时也倾向于提前停止工作的年龄。在受教育年限方面，受教育年限越长的老人平均来说越有可能参与非农业劳动，同时也想提前停止工作的年龄。在健康状况方面，相对于自评健康差的老人来说，自评健康好的老人平均来说越有可能提高非农业劳动参与的可能性和劳动供给时间，以及延长计划停止工作的年龄，而自评健康差的老人在前面几个反映劳动供给的维度方面有相反的结果。

（二）领取新农保养老金对劳动供给的异质性检验

领取新农保养老金待遇对不同农村老人的劳动供给影响可能存在差异。表 6—3 从家庭人均收入、是否只领取基础养老金、受教育年限和健康状况几个维度做了异质性检验。表 6—3 的解释变量都是领取新农保养老金的虚拟变量，被解释变量和前面相同，同时还加入了其他控制变量。

表 6—3　　　　领取新农保养老金待遇对劳动供给影响的异质性检验

维度	（1） 农业劳动参与	（2） 非农业劳动参与	（3） 非农劳动供给时间	（4） 计划停止工作年龄
中位数以下	- 0. 093 *	- 0. 027	- 7. 954	- 0. 038
	(0. 048)	(0. 103)	(11. 995)	(0. 099)
中位数以上	- 0. 017	0. 002	14. 667	- 0. 252 **
	(0. 052)	(0. 109)	(10. 715)	(0. 121)
基础养老金	- 0. 064 *	0. 010	5. 568	- 0. 147 *
	(0. 036)	(0. 074)	(7. 995)	(0. 081)
高于基础养老金	- 0. 207	0. 236	71. 605 **	- 0. 130
	(0. 163)	(0. 312)	(33. 565)	(0. 341)
小学以下	- 0. 070	0. 092	19. 734 **	0. 013
	(0. 044)	(0. 082)	(8. 926)	(0. 124)

维度	(1) 农业劳动参与	(2) 非农业劳动参与	(3) 非农劳动供给时间	(4) 计划停止工作年龄
小学及以上	- 0. 055	- 0. 101	- 1. 890	- 0. 213
	(0. 059)	(0. 149)	(15. 456)	(0. 141)
自评健康好	- 0. 075	0. 142	- 22. 425	- 0. 150
	(0. 086)	(0. 265)	(18. 763)	(0. 272)
自评健康差	- 0. 243 *	- 0. 401	33. 020	- 0. 417 *
	(0. 134)	(0. 361)	(40. 614)	(0. 245)

注：***、**、* 分别表示在 1%、5% 和 10% 的显著性水平下显著，括号内报告的是异方差稳健的标准差。

　　表 6—3 的结果表明，领取新农保养老金待遇对农村老人劳动供给在家庭人均收入、是否领取基础养老金和健康状况方面存在异质性。首先，领取新农保养老金只对家庭人均收入在中位数以下的家庭老人的农业劳动参与有影响。领取新农保养老金使家庭人均收入在中位数以下的家庭农村老人参与农业劳动的可能性平均下降了 9.3 个百分点，估计的结果在 10% 的显著性水平下显著。虽然领取新农保养老金待遇对家庭人均收入在中位数以上家庭的农村老人农业劳动的参与有负向影响，但是估计的系数在统计上不显著。其次，只领取基础养老金的老人越有可能降低农业劳动的参与。只领取基础养老金的老人对农业劳动参与的可能性平均下降了 6.4 个百分点，但是在非农业劳动参与、非农业劳动供给时间和计划停止工作年龄方面没有显著的差异。领取高于基础养老金的老人的劳动供给的差异在统计上不显著。最后，领取新农保养老金只对自评健康差的农村老人劳动供给有影响。领取新农保养老金使自评健康状况差的老人参与农业劳动的概率平均降低了 24.3 个百分点，使他们计划停止工作的年龄平均提前了 0.417 岁，这两个估计系数都在 10% 的显著性水平下显著。领取新农保养老金对于自评健康状况好的老人劳动供给没有显著影响。以上的异质性检验结果反映出，领取新农保养老金对于低收入家庭或者自评健康差的农村老人劳动供给影响更大，更倾向于降低他们的劳动供给。

四 稳健性检验

为了进一步验证前面的实证结果，本书检验了断点回归模型的有效性和采用局部多项式的方法重新估计了断点回归模型的结果。

图6—1是采用局部多项式估计的劳动供给在新农保领取年龄两端的估计结果。同采用断点回归估计的结果相同，只有农业劳动参与可能性的局部多项式拟合曲线在领取年龄处存在明显向下"跳跃"，而非农业劳动参与和非农业劳动供给时间的局部多项式拟合曲线在年龄断点处则比较平滑，没有出现明显的跳跃。以上结果表明，领取新农保养老金待遇对农业劳动参与可能性影响比较显著，说明前面估计的领取新农保养老金待遇对劳动供给影响的结果是稳健的。

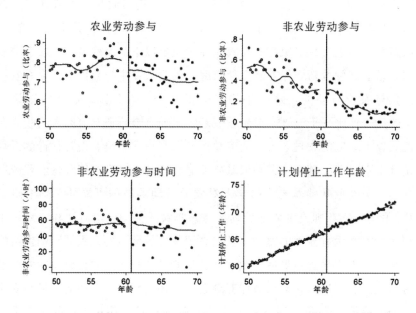

图6—1 领取新农保养老金待遇对劳动供给影响的局部多项式估计结果

注：图中的曲线是采用二次多项式估计的结果。

表6—4是采用不同年龄断点和带宽的稳健性检验结果。可以发现将年龄断点设置在其他地方，估计的结果不显著，表明模型不存在伪断点的问题。另外将年龄带宽分别缩小为8岁和5岁，估计的结果与前面差异不

大，只是由于样本量缩小显著性有所下降。总体来说，通过不同的年龄断点和带宽的检验结果表明采用的断点回归结果比较稳健。

表 6—4　　　　　　　　不同年龄断点和带宽的估计结果

变量	(1) 农业劳动参与	(2) 非农业劳动参与	(3) 非农劳动供给时间	(4) 计划停止工作年龄
年龄断点 = 57 岁	-5.536	4.618	-373.050	12.136
	(7.624)	(4.195)	(552.278)	(17.669)
年龄断点 = 63 岁	0.377	-0.813	-16.961	-0.736
	(0.354)	(0.744)	(46.937)	(0.745)
带宽 = 8 岁	-0.087**	0.056	12.143	-0.083
	(0.041)	(0.089)	(9.786)	(0.091)
带宽 = 5 岁	-0.067	0.069	16.401	-0.177
	(0.059)	(0.132)	(11.680)	(0.132)

注：***、**、*分别表示在 1%、5% 和 10% 的显著性水平下显著，括号内报告的是异方差稳健的标准差。

第三节　参加新农保缴费对劳动供给的影响

一　实证方法

是否参加新农保缴费在样本中并非随机出现，受个人的偏好影响，如果个人的偏好又同时影响劳动供给决策，由于个人偏好无法观测，容易使模型产生遗漏变量问题。为了避免因遗漏变量造成回归模型的内生性问题，采用了面板数据固定效应模型估计参加新农保缴费对劳动供给的影响，模型设定如下：

$$y_{it} = \alpha_0 + \alpha_1 T_{it} + \alpha_2 X_{it} + \theta_i + \mu_t + \varepsilon_{it} \tag{6—8}$$

其中，y_{it} 表示 i 个农村居民在时间 t 的劳动供给；T_{it} 是 i 个体新农保参保时间；θ_i 是个体不可观测且不随时间改变的固定效应，比如个体偏好等；μ_t 是时间固定效应；X_{it} 是其他控制变量，包括家庭收入、家庭规模、受访者受教育年限、健康状况和地区控制变量等。

二 数据来源

本章同样使用了 2011 年和 2013 年 CHARLS 面板数据考察参加新农保缴费对劳动供给的影响。在数据处理方面，只保留了年龄在 60 周岁以下，且家庭里面没有成员领取新农保养老金和其他社会养老保险的农村居民，通过进行数据清理，最终进入实证模型的样本量为 5202 个。表 6—5 是参保和未参保人群的描述性统计。

表 6—5　　　　　　　　　描述性统计表

	未参保			参保			
	均值	标准差	样本量	均值	标准差	样本量	T 值
农业劳动参与	0.79	0.41	3223	0.80	0.40	2881	−1.01
非农业劳动参与	0.46	0.50	695	0.43	0.50	642	1.29
非农劳动供给时间	54.84	23.32	552	55.11	21.61	510	−0.20
计划停止工作年龄	60.86	3.04	3245	61.90	2.91	2881	−13.60

从表 6—5 可以发现，60 岁以下的农村居民参加新农保缴费和未参加新农保缴费在农业劳动参与率、非农劳动参与率和非农劳动供给时间方面的差异不明显，但是参加新农保比未参加新农保缴费的人群计划停止工作的年龄更高。

三 实证结果

（一）参加新农保缴费对劳动供给的影响

表 6—6 是采用面板数据固定效应模型估计的参加新农保缴费对农村居民劳动供给的影响报告，（1）—（2）列的被解释变量分别是农业劳动参与和非农业劳动参与，（3）列的被解释变量是非农业劳动供给时间，（4）列的被解释变量是计划停止工作的年龄。

表6—6　参加新农保缴费对劳动供给影响的面板数据固定效应模型估计结果

变量	（1）农业劳动参与	（2）非农业劳动参与	（3）非农劳动供给时间	（4）计划停止工作年龄
参加新农保缴费	0.016	-0.015	4.688	-0.031
	(0.021)	(0.076)	(4.710)	(0.072)
Ln（家庭人均收入）	-0.001	0.028 **	-0.022	-0.184 ***
	(0.004)	(0.013)	(0.934)	(0.012)
家庭规模	-0.004	-0.024	-0.492	-0.011
	(0.007)	(0.024)	(1.534)	(0.023)
自评健康好	0.001	0.037	-0.716	0.224 ***
	(0.018)	(0.069)	(3.235)	(0.062)
自评健康差	-0.047 **	0.051	5.571	-2.002 ***
	(0.018)	(0.073)	(5.556)	(0.063)
常数项	1.492	-7.936	300.599	66.506 ***
	(1.450)	(5.769)	(306.555)	(4.981)
样本量	5197	1053	917	5202
R^2	0.008	0.065	0.015	0.563
Hausman chi^2	38.83	23.91	3.86	55.74

注：***、**、*分别表示在1%、5%和10%的显著性水平下显著，括号内报告的是标准差。

　　参加新农保缴费对农村居民的劳动供给影响在统计上不显著。表6—6中，参加新农保缴费在（1）—（4）列的估计系数在10%的显著性水平下均不显著，说明参加新农保缴费对农村居民的劳动供给没有影响。造成这种现象的可能原因在于，目前参加新农保缴费的人群大多数选择年缴费100元，这样低的缴费通过替代效应对他们当前的劳动供给影响不大。

　　家庭收入状况和健康状况是影响农村居民劳动供给的两个重要因素。家庭人均收入高的农村居民平均来说倾向于提高非农业劳动参与，同时计划提前停止工作的时间。相对于自评健康差的农村居民，自评健康好的农村居民计划停止工作的年龄平均将提高0.224岁，自评健康差的农村居民计划停止工作的年龄平均将提前2.002岁，以上两个估计系数都在1%的显著性水平下显著。

（二）参加新农保缴费对劳动供给的异质性检验

本书同样从家庭人均收入、参加新农保缴费、受教育年限和健康状况几个维度对参加新农保缴费对劳动供给的影响做了异质性检验。表6—7是相应的估计结果。表6—7中的解释变量都是参加新农保缴费的虚拟变量，而被解释变量和其他控制变量与前文保持不变。

表6—7　　　　　参加新农保缴费对劳动供给影响的异质性检验

维度	(1) 农业劳动参与	(2) 非农业劳动参与	(3) 非农劳动供给时间	(4) 计划停止工作年龄
中位数以下	-0.052	-0.144	-4.957	-0.186
	(0.044)	(0.232)	(15.255)	(0.129)
中位数以上	0.086***	-0.052	5.159	-0.089
	(0.032)	(0.094)	(6.118)	(0.157)
年缴费=100元	0.111	-0.067	-4.920	0.066
	(0.143)	(0.441)	(26.564)	(0.569)
年缴费>100元	0.036	-0.103	1.870	0.139
	(0.032)	(0.102)	(6.076)	(0.156)
小学以下	-0.003	0.020	-7.077	-0.149
	(0.034)	(0.129)	(15.344)	(0.152)
小学及以上	0.024	-0.053	8.434*	0.104
	(0.026)	(0.084)	(4.724)	(0.112)
自评健康好	-0.115	-0.253	8.202	0.126
	(0.076)	(0.309)	(9.840)	(0.268)
自评健康差	-0.115	-0.253	8.202	0.126
	(0.076)	(0.309)	(9.840)	(0.268)

注：***、**、*分别表示在1%，5%和10%的显著性水平下显著，括号内报告的是标准差。

表6—7的结果表明，参加新农保缴费对劳动供给的影响只在家庭人均收入和受教育年限两个维度上存在异质性。在家庭人均收入方面，家庭人均收入在中位数以上家庭的农村居民参加新农保缴费对农业劳动参加的估计系数为0.086，该系数在1%的显著性水平下显著，表明这些农村居民对农业劳动参与的可能性提高了8.6个百分点。在受教育年限方面，小

学及以上的农村居民参加新农保缴费使他们对非农业劳动的供给时间每周平均提高了 8.434 个小时，估计的结果只在 10% 的显著性水平下显著。这种现象的可能解释是，他们可能选择了更高的缴费档次，参加新农保缴费的当期替代效应比较高。

（三）加入工具变量的估计结果

为了解决模型中可能存在的内生性问题，在面板数据模型中加入了工具变量，工具变量仍然是各地开展新农保政策的时间。

加入工具变量后，在前面估计的参加新农保缴费对劳动供给的影响是稳健的。表 6—8 是加入工具变量采用固定效应模型估计的参加新农保缴费对劳动供给影响的估计结果，可以发现参加新农保缴费对劳动供给影响的系数在 10% 的显著性水平下仍然不显著，证明前面的估计结果是稳健的，参加新农保缴费对农村居民劳动供给确实没有影响。

表 6—8　　　　　　　　　　加入工具变量的估计结果

变量	(1) 农业劳动参与	(2) 非农业劳动参与	(3) 非农劳动供给时间	(4) 计划停止工作年龄
参加新农保缴费	0.021	−0.013	5.870	−0.024
	(0.022)	(0.077)	(4.841)	(0.075)
常数项	1.383	−6.626	161.158	66.365 ***
	(1.468)	(5.959)	(315.787)	(5.127)
样本量	4962	1010	866	4966

注：***、**、* 分别表示在 1%、5% 和 10% 的显著性水平下显著，括号内报告的是标准差。

本书使用 2011 年和 2013 年的 CHARLS 数据实证考察了领取新农保养老金和参加新农保缴费对农村居民劳动供给的影响。本章主要有以下几个方面的发现：首先，领取新农保养老金使农村居民的农业劳动参与可能性平均降低了 5.8 个百分点，使他们计划停止工作的年龄平均提前了 0.142 岁。其次，参加新农保缴费对农村居民劳动参与的影响在统计上不显著。再次，通过对不同人群的异质性检验发现，领取新农保养老金对中低收入人群和健康状况差的人群劳动供给的负向影响更大。领取新农保养老金使中低收入人群的农业劳动参与的概率降低了 9.3 个百分点，使自评健康差的人群农业劳动参与的概率和计划停止工作的年龄分别降低了 24.3 个百分点和 0.417 岁。最后，家庭人均收入、受教育年限和健康状况也是影响农村居民劳动供给的重要因素。

以上发现具有较强的政策意义。一方面，虽然目前新农保养老金待遇比较低，但是对中低收入家庭和自评健康差的农村居民劳动供给起到了负向影响，表明新农保具有一定的福利政策效果，使应该退出劳动的人群退出了劳动。另一方面，新农保目前的低缴费和有限的养老金待遇对我国中老年农村居民的劳动供给没有起到显著的降低作用，这是政策制定者期望看到的结果，说明新农保政策并没有产生道德风险使劳动供给下降。因此，新农保政策在今后提高对农村居民保障的同时，也应尽量避免影响农村居民的劳动供给决策以及由此带来的低效率问题。

第 七 章

新型农村社会养老保险中的
逆向选择问题研究

　　我国正逐步进入人口老龄化社会，根据国家统计局人口统计数据计算，2013 年末我国 65 岁以上人口比率已经达到 9.67%。老年人口退休以后虽然可以依靠工作时的储蓄来保证必要的生活质量，但是完全依赖个人储蓄却要面对长寿风险（个人实际寿命高于预期寿命导致储蓄耗尽的风险），养老保险是规避长寿风险的重要手段。国际上通行的经验是，由政府提供一定水平的养老保险并强制要求居民参保。要求政府干预有两个理由：第一，避免保险市场上普遍存在的逆向选择；第二，降低由商业保险公司提供保险而产生的高额推销和管理成本，[①] 其中逆向选择是政府干预的主要原因。2009 年我国开始推行新型农村社会养老保险，将农村居民纳入到社会养老保险体系中来，这一制度是改善农村老年居民生活保障的重要举措，具有极为积极和重要的社会意义。但是，本书通过分析新农保条款发现其政策设计上有导致逆向选择的可能，使用中国健康与养老追踪调查数据（CHARLS）对农村居民参保行为的经验研究也证实了逆向选择的存在，这将给新农保带来潜在的支付风险。尤其是从已发布的新农保与城镇居民社会养老保险合并之后的城乡居民养老保险来看，造成逆向选择的条款仍然保留了下来，因此有必要对这种行为进行定性和定量的衡量，以求制定出更合理的社会保险政策。

　　新农保政策中有两个条款会导致农村居民参保时可能存在逆向选择：

---

　　① 弗里德曼、沃肖斯基、米切尔、波特巴、沃肖斯基、布朗和芬克尔斯坦和波特巴，发现年金市场上存在不容忽视的管理和销售成本。

第一，新农保参保秉持自愿的原则；第二，自主选择缴费档次，标准包括每年100元、200元、300元、400元和500元①。年满60周岁、未享受城镇职工基本养老保险待遇的农村户籍老年人终身均可按月领取养老金，每个月计发标准为基础养老金（55元）加上个人账户全部累计存储额/139②③，基础养老金由政府财政支付。显然自愿参保会带来经典的逆向选择问题，即给定保险合同，高风险人群参保意愿更高。不过由于新农保在推行过程中被当作一个政治任务，参保率被当作衡量地方政府工作成绩的重要指标，地方政府推行意愿非常强④，因此是否参保不完全取决于农村居民的理性计算。同时，根据新农保的领取条件，可以看出参保的补贴力度相当大，其中缴费100元档次的回报率最高。出于这两个原因，参保方面逆向选择的效果可能并不明显，我们的实证分析也表现出这一点。在档次选择方面，参保人的预期寿命超过71.5岁后（即60 + 139/12），缴费的回报随着预期寿命的增长而增加。因此，在缴费档次上，可能存在预期寿命越长，选取的缴费档次越高的情况。这一行为同样会造成养老金收支缺口，这一缺口并不能通过强制保险来弥补。

　　本书考察CHARLS数据中符合新农保条件人群的参保与缴费档次选择，发现逆向选择发生在缴费档次选择方面。本书的贡献有：第一，在我们所知范围，本书第一个注意到我国养老保险制度中在缴费档次选择上可能存在逆向选择问题；第二，前人关于养老保险或年金市场的逆向选择问题主要考察保险合约选择并对比参保人和未参保人的死亡年龄或者预期寿命（即事后风险，ex post risk），本书利用CHARLS数据中关于活到75岁的主观评价，直接考察事前风险，逻辑上这是养老保险市场存在逆向选择更直接的证据；第三，国内关于新农保的研究大多使用地方性数据，结论是否能够外推到全国尚有待进一步分析。考虑到新农保的政策目标是全国

---

　　① 地方政府还要对参保人进行补贴，标准为每人每年不低于30元，补贴部分直接进入个人养老金账户。这一标准为中央政府制定的标准，各地执行过程中可以根据实际情况进行调整，例如，四川省、青海省。

　　② 政策出台时已满60周岁的，领取基本养老金每人每月55元；未满60周岁的应缴费不低于15年，60周岁后按以上公式领取养老金。

　　③ 累计存储额为个人缴费总和累计利息。

　　④ 通过第四章新农保参保覆盖率上升趋势非常快就可以说明这个问题。

铺开，相当一部分成本由中央政府承担，使用全国样本得出的结论可以为中央政府审视这一制度提供更多依据。

本章的基本安排如下：第一部分建立理论框架；第二部分介绍实证数据来源以及描述性统计；第三部分报告和分析实证结果；最后是本章的小结。

第一节　理论分析

已有文献表明，农村居民参保新农保决策受到地方或基层政府行为影响极大，也就是说，符合现实的理论模型看似应该考虑农村居民和地方或基层政府之间的互动，但是决定新农保长期运行效果最基本的因素仍然是，在给定的新农保制度设计下，农村居民如何在收益成本之间进行比较。因此，本节的理论分析不考虑地方政府推行保险的行为，而是通过一个简单的两阶段生命周期模型来分析新农保制度设计对农村居民投保和档次选择的影响。本节的目的在于分析实际政策，因此没有考虑更一般的养老保险模型[①]，而是选择贴近制度现实模型设置。这里首先考察一个缴费空间连续的情况，然后讨论间断缴费档次并具有上下限的情况。

考虑农村居民在两个阶段生存。第一阶段工作并获得劳动收入 I，并向养老保险计划缴费 A；第二阶段没有工作，必须依靠第一阶段所参加的养老保险支付生活。除了养老保险，暂假定没有其他工具可以在生命两阶段平滑消费。居民在第二阶段生存概率 p 的分布密度为 $f(p)$，生存概率期望为 $E[p] = \int_0^1 pf(p)\,dp$。若生存到第二阶段，养老保险领取金额为 $\frac{p}{Ep}A$，这正是养老保险的特点，即预期寿命越长（对于保险提供者来说风险越高）领取金额现值越高，$\frac{p}{Ep}A$ 的这种形式则反映了新农保每月领取金额为累计存储额除以 139 个月的设计，显然 139 个月这个政策参数是考虑了人口的寿命预期。[②] 农村居民需要确定第一阶段的投保额以求最大化终身效用，即：

---

① 芬克尔斯坦和卡伦提供了一个一般的逆向选择理论框架。

② 这里我们假定该政策参数是外生的，因为 139 个月并非只针对新农保参保人（即农村居民），在其他社会养老保险计划中仍然使用这一参数。

$$Max_A U \ (I - A) \ + pU \ (\frac{p}{Ep}A)$$

这里我们假设两期的效用函数形式相同，效用函数满足标准假设，即 $U' > 0$ 和 $U'' < 0$，居民对第二期消费的偏好完全由 p 控制，不存在贴现。此规划的一阶条件为：

$$- U_1' + \frac{p^2}{E \ [p]} U_2' = 0 \tag{7—1}$$

其中，U_1' 和 U_2' 分别是效用函数在 $(I - A)$ 和 $\frac{p}{E \ [p]}A$ 处的一阶导数。对于具有不同 p 的人，该一阶条件仍然成立，但是 A 必须做出调整，根据隐函数定理有：

$$\left(U_1'' + \frac{p^2}{E \ [p]} U_2'' \right) dA + \left(\frac{2p}{E \ [p]} U_2' + \frac{p}{E \ [p]} \left(\frac{p}{E \ [p]} A \right) U_2'' \right) dp = 0$$
$$\tag{7—2}$$

需要注意的是，p 增加对第二期边际效用变化有两个方向相反的效应：第一，因为生存概率增加带来的预期边际效用增加；第二，由于获得保险支付金额 $\frac{p}{E' \ [p]}A$ 增加，所导致预期边际效用下降。在 $\frac{p}{E \ [p]}A$ 处，Arrow-Pratt-De Finetti 相对风险厌恶系数为 $R_2 = - \frac{pA}{E \ [p]} \frac{U_2''}{U_2'}$，将其代入整理前述结果可得：

$$\frac{dA}{dp} = - \frac{\frac{p}{E \ [p]} U_2' \ (2 - R_2)}{U_1'' + \frac{p^2}{E \ [p]} U_2''} \tag{7—3}$$

$R_2 < 2$ 将保证 $\frac{dA}{dp} > 0$，出现这个条件是因为当 p 增加时，第二期的预期边际效用下降多少取决于在 A 处对待风险的态度。如果我们相信相对风险厌恶程度随收入递减，那么 $R_2 > 2$ 的情况只可能在 p 极低或者 A 极低处出现①，这里不考虑这种极为特殊的情况，因此通常情况下可以得到 $\frac{dA}{dp} > 0$。

这一条件给养老保险带来的问题是，如果没有财政持续对新农保进行

---

① 给定一个特别的效用函数，$U \ (y) \ = \log \ (y)$，可以验证相对风险厌恶系数为常数 1。

投入，仅靠投保人缴费，该政策不可持续。事实上，保险的净预期盈余为：

$$S = \int_0^1 Af(p)\,dp - \int_0^1 \frac{p}{E[p]}Af(p)\,dp = \int_0^1 A(1-p/E[p])f(p)\,dp$$

显然，$\int_0^1 \left(1 - \frac{p}{E[p]}\right)f(p)\,dp = 0$，则给定 $A > 0$ 且 $\frac{dA}{dp} > 0$，必有 $S > 0$，因为低风险（预期寿命低）人群缴费水平低，产生的盈余不足以抵补高风险（预期寿命高）人群造成的超支。[①] 需要说明的是，前面的分析是在假设居民必须通过养老保险来平滑消费的假设下进行的，如果允许其他金融工具存在，预期寿命低于 $E[p]$ 的人群缴费意愿可能更低，因为这部分人养老保险的回报低于金融市场正常回报。

下面讨论新农保政策的具体设计，即存在缴费上下限（$A \in [\underline{A}, \overline{A}]$）和补贴的情况。间断缴费档次设计造成与前述分析的差异，主要体现在缴费上下限处。首先考虑缴费上限的影响，无约束下最优选择缴费金额高于 $\overline{A}$ 的人群（因为 p 高）将在 $\overline{A}$ 处堆积，此时一阶条件等号不成立，$-U_1' + \frac{p^2}{E[p]}U_2' < 0$。在这种情况下，逆向选择带来的养老保险不可持续的问题可以部分得到缓解，但是会影响到有意愿缴纳更高保险金额居民的福利，也许需要在农村推行商业养老保险进行补充。其次，考虑缴费下限，无约束条件下最优选择低于 $\underline{A}$ 的人群参保的条件为 $U(I-\underline{A}) + pU(\frac{p}{Ep}\underline{A}) > U(I)$。如果从养老基金收支平衡的角度看，一方面一些低风险的人群会因此退出养老保险并降低养老基金收入，另一方面一些原

---

① 根据积分中值定理，有 $\tilde{p} \in (0, E[p])$ 和 $\tilde{\tilde{p}} \in (E[p], 1)$ 使得 $\int_0^{E[p]}\left(1 - \frac{p}{E[p]}\right)f(p)\,dp = E[p](1 - \frac{\tilde{p}}{E[p]})f(\tilde{p}) = \int_{E[p]}^1 \left(\frac{p}{E[p]} - 1\right)f(p)\,dp = (1-E[p])\left(\frac{\tilde{\tilde{p}}}{E[p]} - 1\right)f(\tilde{\tilde{p}})$，当 $A > 0$ 且 $\frac{dA}{dp} > 0$，$\int_0^{E[p]}A\left(1 - \frac{p}{E[p]}\right)f(p)\,dp < \int_0^{E[p]}A(E[p])\left(1 - \frac{p}{E[p]}\right)f(p)\,dp = A(E[p])E[p](1 - \tilde{p})f(\tilde{p}) = A(E[p])(1 - E[p])\left(\frac{\tilde{\tilde{p}}}{E[p]} - 1\right)f(\tilde{\tilde{p}}) = \int_{E[p]}^1 A(E[p])\left(\frac{p}{E[p]} - 1\right)f(p)\,dp < \int_{E[p]}^1 A\left(\frac{p}{E[p]} - 1\right)f(p)\,dp$。

来选择 $A(p) < \underline{A}$ 的人群缴费会被迫提高，并增加养老基金收入，因此缴费金额下限对养老金收支影响不确定。不过，由于 $A'(p)$ 是单调的，缴费下限的存在显然不改变逆向选择的结论，即参保居民的风险必然高于未参保人群。最后，考虑具有补贴的情况。根据新农保的设计，补贴体现在养老金的领取上，可写作 $\frac{p}{Ep}A + D$，因为新农保补贴的特点是只与是否参保有关，与缴费档次选择无关，在 $\underline{A}$ 处的参保回报率被大幅提高。因此选择最低档次金额的条件变为当无约束最优缴费金额 $A(p) < \underline{A}$ 时 $U(I -$

$\underline{A}) + pU\left(\frac{p}{Ep}\underline{A} + D\right) > U(I)$，以及无约束最优缴费金额 $A(p) > \underline{A}$ 时

$U(I - \underline{A}) + pU\left(\frac{p}{Ep}\underline{A} + D\right) > U(I - A) + pU\left(\frac{p}{E[p]}A\right)$。在这种情况下，

$\underline{A}$ 处堆积更为严重，因为补贴既会吸引原来计划不缴费的人，同时计划缴费金额高于 $\underline{A}$ 的人会降低缴费以提高参保回报率。因为导致人们选择改变的是补贴，所以无论上述哪种情况都会恶化收支。

根据本节的分析说明，如果 p 是可观察的，我们将在数据中看到参保居民比未参保居民具有更高的 p，选择高档次缴费的居民比选择低档次的居民具有更高的 p，本书经验研究部分将要验证这两点。

第二节 数据及实证方法

一 数据描述

本书使用 2011 年和 2013 年 CHARLS 数据研究了新型农保中的逆向选择问题，由于 2011 年有些地区还未开展新农保政策，所以使用 2011 年数据时删掉了未实施新农保政策地区的样本。同时根据新农保政策的参保条件，样本中仅保留年龄在 60 周岁以下且没有参加其他社会养老保险项目的农村户籍人群。本章的目的在于验证新农保中存在的逆向选择问题，因而合理地选择衡量逆向选择指标是本书的关键，接下来将分别对衡量逆向选择指标、被解释变量和其他控制变量进行说明。

（一）衡量逆向选择的指标

验证保险中逆向选择问题最关键的是选取恰当的指标衡量风险，本书采

用自我预期寿命衡量风险，自我预期寿命指标在国外已经被证实在某种程度上可以反映自身的实际寿命[1][2]。CHARLS 数据问卷中对不同年龄设计了自我预期活到一定岁数可能性的问题，例如对于 65 岁以下人群调查了他们预期活到 75 岁的可能性，回答的选项分为 5 个级别。1 到 5 的几个选项分别表示：几乎不可能、不太可能、有可能、很可能、简直一定，选项的数字越大表示自我预期活到 75 岁的可能性越高。我国居民的主观预期寿命能否反映实际的寿命，接下来将讨论主观预期寿命和客观实际寿命之间的相关关系。

调查问卷中预期活到 75 岁可能性的平均值与各地区实际人均预期寿命呈正相关。图 7—1 是 60 岁以下人口预期活到 75 岁可能性与国家统计局公布的各个地区人均预期寿命的相关关系，可以发现 60 岁以下人口预期活到 75 岁的可能性与各地区人均实际预期寿命呈正相关。例如青海、兰州两个地区的人均预期寿命比较低，问卷中反映出这两个地区预期活到 75 岁可能性的平均值也比较低，而北京、上海、天津等人群预期活到 75 岁的可能性均值比较高，这些地区的人均实际寿命也比较高。

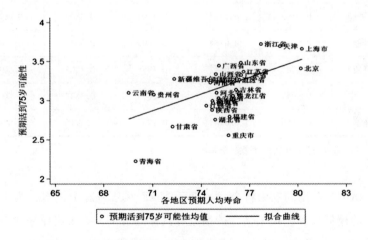

图 7—1 预期活到 75 岁可能性与各地区人均寿命关系

资料来源：2011 年 CHARLS 数据。

---

[1] Hurd, M. D., McGarry, K., "The Predictive Validity of Subjective Probabilities of Survival", *The Economic Journal*, Vol. 112, No. 482, 2002, pp. 966 – 985.

[2] Delavande, A., Rohwedder, S., "Differential Mortality in Europe and the US: Estimates Based on Subieltive. Probabieities of Survival", *Working Paper*, 2008.

60 岁以下人群预期活到 75 岁的可能性与致命性疾病、父母是否健在以及实际的死亡存在关系。表 7—1 是预期活到 75 岁各个选项下犯有致命性疾病、父母健在和到 2013 年实际死亡的平均值。从表 7—1 可以发现以下现象：首先，预期活到 75 岁的可能性与犯有致命性疾病呈负相关，犯有癌症和心脏疾病的人群平均对自己预期活到 75 岁的期望也比较低；其次，预期活到 75 岁可能性越大的人群其父亲或者母亲健在的可能性越高，父母通过生活环境和基因影响子女的寿命长短，所以父母越长寿其子女长寿的可能性越高[1]；最后，预期活到 75 岁越高的人群在 2011 年到 2013 年之间实际死亡的可能性也越低。根据以上的分析发现，自我预期寿命可以在一定程度上反映实际寿命，所以适合用于逆向选择风险衡量的指标。

表 7—1　　预期寿命与致命性疾病、父母是否健在及实际死亡的关系

	癌症	心脏疾病	父亲健在	母亲健在	实际死亡
几乎不可能	0.0249	0.1756	0.1375	0.2511	0.0107
不太可能	0.0106	0.1367	0.1391	0.2804	0.0044
有可能	0.0064	0.0784	0.1699	0.3046	0.0043
很可能	0.0042	0.0642	0.1956	0.3303	0.0042
简直一定	0.0044	0.0553	0.2093	0.3637	0.0036
全样本	0.0080	0.0903	0.1737	0.3116	0.0047

注：表中数据根据 CHARLS 数据计算得到。

CHARLS 数据问卷中将自我预期活到 75 岁分为五个档次，为了克服边界上的模糊性和使模型估计的系数有具体的含义，本书将原来的五个档次合并为三个档次。将几乎不可能和不太可能合并为一个档次，称为"不太可能"，原来的"有可能"保持不变，将很可能和简直一定合并为一个档次，称为"很可能"。

---

[1] Hurd, M. D., McGarry, K., "The Predictive Validity of Subjective Probabilities of Survival", *The Economic Journal*, Vol. 112, No. 482, 2002, pp. 966 – 985.

（二）其他控制变量

参考以往类似文献①②，本书还选取了其他控制变量：人口社会学特征包括性别、年龄、受教育年限、是否吸烟、是否喝酒，是否吸烟和喝酒反映了个人风险偏好；家庭特征包括家庭人口数和家庭人均收入；地区特征包括各个省的人均 GDP、新农保基础养老金和中东西部地区变量。表7—2 给出了解释变量和其他控制变量的描述性统计。

表 7—2　　　　　　　　　　　　解释变量和控制描述性统计

	2013 年			2011 年		
	均值	标准差	样本量	均值	标准差	样本量
解释变量						
不太可能（对照组）	0.327	0.469	4676	0.279	0.449	3290
有可能	0.337	0.473	4676	0.363	0.481	3290
很可能	0.336	0.473	4676	0.358	0.480	3290
控制变量						
男性	0.461	0.499	6417	0.449	0.497	4289
年龄	51.943	4.662	6417	52.134	4.786	4289
已婚	0.946	0.226	6412	0.945	0.229	4287
受教育年限	4.454	2.594	6392	4.158	2.715	4274
饮酒	0.371	0.483	6361	0.360	0.480	4259
吸烟	0.185	0.388	6361	0.283	0.450	4259
家庭人均收入（万元）	0.690	1.084	5501	0.495	0.844	3421
家庭人数	3.837	1.707	6365	3.864	1.683	3855
基础养老金	59.579	7.559	6417	57.867	8.448	4289
地区人均 GDP（万元）	4.423	1.543	6417	3.938	1.367	4289
东部地区	0.341	0.474	6417	0.365	0.482	4289
西部地区	0.347	0.476	6417	0.315	0.465	4289

---

① 臧文斌、赵绍阳、刘国恩：《城镇基本医疗保险中逆向选择的检验》，《经济学（季刊）》2013 年第 1 期。

② 刘宏、王俊：《中国居民医疗保险购买行为研究——基于商业健康保险的角度》，《经济学（季刊）》2012 年第 4 期。

相对于 2011 年，2013 年受访者回答预期活到 75 岁可能性在"不太可能"方面的比例有所上升，而在"有可能"和"很可能"的比例上有所下降。2011 年和 2013 年两年的调查数据中家庭人均收入、吸烟人群比例和地区人均收入差异比较显著，而在其他控制变量方面两年的数据差异不明显。另外，自我预期活到 75 岁可能性这个变量的缺失值情况明显高于其他变量存在缺失值的数量。

（三）被解释变量

新农保中可能存在的逆向选择包括两个方面，一个是预期寿命越高的人越可能加入新农保，另一个是预期寿命越高的人越可能选择更高的缴费档次，所以本书的被解释变量也包括两个，分别是是否参加新农保和选择的缴费档次。本书将缴费档次分为每年缴费是否大于 100 元到 500 元五个档次，选择的档次越高说明每年缴费越多。表 7—3 是被解释变量的描述性统计。

表 7—3　　　　　　　　　　　被解释变量描述性统计

	2013 年			2011 年		
	均值	标准差	样本量	均值	标准差	样本量
参与新农保	0.731	0.444	6259	0.507	0.500	4189
>100 元	0.176	0.381	4356	0.262	0.440	2022
>200 元	0.106	0.308	4356	0.155	0.362	2022
>300 元	0.080	0.271	4356	0.105	0.307	2022
>400 元	0.073	0.260	4356	0.084	0.277	2022
>500 元	0.035	0.185	4356	0.035	0.184	2022

2013 年新农保的参保比率高于 2011 年，但是 2013 年选择较高缴费档次的人群明显低于 2011 年。2013 年和 2011 年参加新农保的比例分别为 73.1% 和 50.7%，参加新农保的人群中选择缴费为 100 元以上的比例分别为 17.6% 和 26.2%，但是两年选择缴费为 500 元以上的比例差异不明显。

二　实证方法

本书所有的被解释变量都是二元选择变量，所以采用 Probit 模型验证新农保中的逆向选择问题。Probit 模型的设定如下：

$$Prob\ (y=1\mid self,\ X)\ =\Phi\ (\alpha self+X\beta+\mu)$$

上式中 y 是虚拟变量，等于 1 表示个体参加新农保或者选择特定的缴费档次；$self$ 是解释变量，表示自我预期活到 75 岁的可能性；X 是其他控制变量；μ 是随机扰动项，其中 $\mu{-}N\ (0,\ \sigma^2)$。

由于样本中存在一部分受访者没有回答自我预期活到 75 岁可能性的问题，本书可能存在潜在的样本选择问题，导致上述模型的估计结果存在内生性。如果选择是否回答自我预期活到 75 岁的可能性问题的人群不是随机出现，而是与参加新农保和选择缴费档次相关，则本书可能存在潜在的样本选择问题，使得上面模型估计的结果有偏和不一致。为了检验是否存在样本选择问题，本书用 Heckman 样本选择模型做了稳健性检验，Heckman 样本选择模型的选择方程设定如下：

$$Prob\ (select=1\mid X_1)\ =\Phi\ (X_1\delta+v)$$

上面的方程是选择方程，只有当 $select=1$ 时，才可以观测到回答了自我预期活到 75 岁可能性的受访者进入模型。如果 $cov\ (\mu,\ v)$，即原来的回归方程的残差项与选择方程的残差项不相关，则原方程不存在样本选择的问题；如果 $cov\ (\mu,\ v)\ \neq0$，即原来的回归方程中的残差项与选择方程中的残差项相关，则原来的回归方程存在样本选择问题，此时采用 Hackman 模型也可以得到一致估计。

Heckman 样本选择模型要求至少有一个工具变量出现在选择方程中同时不出现在原来的回归方程中[①]，否则两个模型中的解释变量会出现高度线性相关。本书用"是否代理回答"作为工具变量，因为自我预期活到 75 岁可能性的问题不允许其他人代理回答，"是否代理回答"只会影响选择方程而不出现在原来的回归方程中，满足工具变量的定义。同时为了克服选择方程和原来方程中控制变量多重共线性的问题，本书还在选择方程

---

① Heckman, J. J. , "Sample Selection Bias as a Specification Error", *Econometrica*：*Journal of the Econometric Society*，1979，pp. 153 – 161.

中加入了各个地区人均预期寿命这个外生变量。

三　实证结果

本书对新农保中逆向选择的检验主要从以下两个维度进行：第一，从是否影响参与决策的角度，检验个人的预期寿命对其参保决策的影响情况。第二，从参保档次选择的角度，检验个人预期寿命的不同是否会影响其选择新农保的不同档次。在实证分析的最后，本书还做了稳健性检验。

表7—4是使用CHARLS 2013年调查数据对新农保逆向选择检验的结果。由于Logit模型的回归系数不具有直接的经济含义，因此表7—4报告了回归结果相应的边际效应。其中，第（1）列表示是否参与新农保的影响因素及其边际效应；第（2）—（6）列表示对新农保不同档次选择行为的影响因素及其相应的边际效应。

根据CHARLS 2013年的调查数据发现，是否参与新农保的决策中不存在逆向选择，即预期寿命提高并不会改变农村居民是否参与新农保的决策行为；但是在新农保不同档次的选择中存在逆向选择问题。一方面，预期很有可能活到75岁的受访者其参保的行为影响并不显著，造成这个现象的原因可能是新农保目前的参保门槛较低，是否参保受到来自经济上的影响有限。[①] 另一方面，预期很有可能活到75岁的受访者较对照组（预期不太可能活到75岁）选择100元以上缴费档次的概率高3.5个百分点，选择200元以上缴费档次的概率高3.0个百分点，选择300元以上缴费档次的概率高3.6个百分点，选择400元以上缴费档次的概率高2.9个百分点，选择500元以上缴费档次的概率高2.0个百分点，且以上结果均在5%的显著性水平下显著。根据回归结果发现，预期寿命越高，则其选择较高缴费档次的可能性也越大，这与本书的预测相符，即随着年龄的增加，特别是逐步接近养老金领取时间，个人养老意识会逐步加强，养老的紧迫感会增强个人参加养老保险的积极性，从而提高参加新农保的概率。

在参与决策模型中，通过CHARLS 2013年的调查数据发现年龄、已婚会显著提高农村居民参与新农保的概率；而地处西部地区则会降低农村

[①]　赵建国、海龙：《"逆向选择"困局与"新农保"财政补贴激励机制设计》，《农业经济问题》2013年第9期。

居民参与新农保的概率。具体来说，首先，当年龄每升高一岁，农村居民参加新农保的概率会提升 0.9 个百分点，并在 1% 的显著性水平下显著。这一结果符合我们的直观预期，根据新农保政策，45 岁以上人群不强制要求缴费满 15 年，即越靠近法定领取时间，其参保的意愿会更高。其次，已婚的农村居民更易参加新农保，处于已婚状态的农村居民其参保概率会提高 6.8 个百分点，并在 5% 的显著水平下显著。最后，地处西部地区会使农村居民参加新农保的概率降低 7 个百分点，并在 1% 的显著性水平下显著。相对于我国其他地区，西部的经济社会发展可能相对缓慢，无论是对政策的了解程度还是接受程度都可能低于其他地区，因此西部地区的农村居民参加新农保的概率会更低。

在缴费档次选择模型中，通过 CHARLS 2013 年的调查数据发现除了预期活到 75 岁的可能性之外，年龄、家庭人均收入、家庭人口数量和是否地处东部地区会影响农村居民参与新农保后的缴费档次选择。具体来看：首先，随着年龄每增加 1 岁，其选择较高缴费档次的概率提高。例如随着年龄每增加 1 岁，农村居民选择 100 元以上档次的概率提高了 0.3 个百分点，并在 10% 的显著性水平下显著。其次，家庭收入的增高会提高农村居民选择较高缴费档次的概率。如当家庭收入每增加 1% 时，农村居民选择 300 元以上缴费档次的概率提高了 1.1 个百分点，并在 1% 的显著性水平下显著。最后，地处东部地区的农村居民较其他地区而言选择较高档次的积极性更高。如地处东部地区会使农村居民选择 200 元以上缴费档次的概率提高 6 个百分点，并在 1% 的显著性水平下显著。

表 7—4　　　　　　2013 年 CHARLS 数据逆向选择检验的结果

变量名	(1) 是否参与	(2) >100 元	(3) >200 元	(4) >300 元	(5) >400 元	(6) >500 元
有可能活到 75 岁	−0.018	0.021	0.002	0.024 *	0.013	0.002
	(0.018)	(0.018)	(0.014)	(0.013)	(0.012)	(0.009)
很可能活到 75 岁	0.001	0.035 **	0.030 **	0.036 ***	0.029 **	0.020 **
	(0.018)	(0.018)	(0.015)	(0.013)	(0.013)	(0.009)
男性	0.008	−0.007	−0.010	−0.009	−0.006	−0.009
	(0.015)	(0.015)	(0.012)	(0.011)	(0.010)	(0.008)

续表

变量名	(1) 是否参与	(2) >100 元	(3) >200 元	(4) >300 元	(5) >400 元	(6) >500 元
年龄	0.009 ***	0.003 *	0.004 ***	0.004 ***	0.004 ***	0.002 ***
	(0.002)	(0.002)	(0.001)	(0.001)	(0.001)	(0.001)
已婚	0.068 **	0.069 *	0.053 *	0.028	0.041	0.029
	(0.033)	(0.038)	(0.031)	(0.026)	(0.026)	(0.020)
受教育年限	-0.001	0.002	0.005 *	0.002	0.003	0.003 *
	(0.003)	(0.003)	(0.003)	(0.002)	(0.002)	(0.001)
饮酒	0.001	0.004	0.010	0.006	0.005	-0.001
	(0.017)	(0.017)	(0.013)	(0.012)	(0.011)	(0.008)
吸烟	-0.027	-0.022	0.001	0.009	0.010	0.018
	(0.026)	(0.028)	(0.022)	(0.019)	(0.018)	(0.011)
Ln（家庭人均收入）	0.004	0.004	0.008 **	0.011 ***	0.010 ***	0.009 ***
	(0.004)	(0.004)	(0.004)	(0.003)	(0.003)	(0.002)
家庭人数	-0.004	-0.013 **	-0.010 **	-0.007 *	-0.007 *	-0.002
	(0.005)	(0.005)	(0.005)	(0.004)	(0.004)	(0.002)
基础养老金	-0.002 *	0.000	-0.001	-0.002 *	-0.001	0.000
	(0.001)	(0.001)	(0.001)	(0.001)	(0.001)	(0.001)
Ln（人均 GDP）	-0.215 ***	0.020	-0.033	-0.015	-0.033	0.005
	(0.033)	(0.033)	(0.026)	(0.022)	(0.022)	(0.011)
东部地区	-0.006	0.007	0.060 ***	0.038 **	0.032 **	0.030 ***
	(0.026)	(0.024)	(0.018)	(0.015)	(0.015)	(0.009)
西部地区	-0.070 ***	0.028	0.017	0.018	0.011	0.021 **
	(0.021)	(0.021)	(0.018)	(0.015)	(0.015)	(0.010)
样本量	4429	2941	2941	2941	2941	2941
Pseudo R^2	0.030	0.010	0.027	0.033	0.032	0.075
Prob > chi^2	0.000	0.000	0.000	0.000	0.000	0.000

注：***、**、* 分别表示在 1%、5% 和 10% 的显著性水平下显著，括号内报告了异方差稳健的标准差。

四　稳健性检验

为了进一步验证新农保中的逆向选择，本书使用两种方法进行了稳健性检验。第一种是采用 CHARLS 2011 年已经开展新农保的地区作为子样本重新验证，第二种是使用 Heckman 样本选择模型重新估计 CHARLS 2013 年的数据。

（一）采用 CHARLS 2011 年子样本的稳健性检验

CHARLS 2011 年的调查数据对以上模型进行回归，估计的结果如表 7—5 所示。两年的数据都发现了在新农保的参与决策中不存在逆向选择问题，而在新农保不同档次的选择中存在着逆向选择问题。即预期很可能活到 75 岁不会提高农村居民参加新农保的概率，但是能够提高参保农村居民选择较高缴费档次的概率。此外，在参与行为决策模型中还发现：已婚会提高其参加新农保的概率，家庭人口数量增加会降低其参加新农保的概率，人均 GDP 的增加会提高其参加新农保的概率。在缴费档次选择模型中发现：男性较女性选择 300 元、400 元及 500 元以上缴费档次的概率更低；西部地区的农村居民参保后选择较高缴费档次的概率较其他地区更低，而东部地区的农村居民参保后选择 500 元以上缴费档次的概率提高了 5.3 个百分点，并在 5% 的显著性水平下显著。

综上所述，通过使用 CHARLS 2011 年和 2013 年的调查数据，分别对新农保参与决策模型和缴费档次选择模型进行回归发现：首先，在是否参保的选择中，不存在逆向选择问题，而在参保后缴费档次的选择中存在着逆向选择问题。其次，随着年龄的增高，农村居民的参保积极性和选择较高缴费档次的概率都随之提高。最后，西部地区的农村居民参加新农保的积极性低于其他地区，而东部地区的农村居民选择较高缴费档次的概率更高。

表 7—5　　　　　　　　　　CHARLS 2011 年数据逆向选择检验的结果

变量名	(1) 是否参与	(2) >100 元	(3) >200 元	(4) >300 元	(5) >400 元	(6) >500 元
有可能活到 75 岁	− 0.014	0.018	0.033	0.038 *	0.036 *	0.020
	(0.026)	(0.032)	(0.027)	(0.023)	(0.022)	(0.016)
很可能活到 75 岁	0.007	0.035	0.045 *	0.051 **	0.049 **	0.035 **
	(0.027)	(0.033)	(0.027)	(0.023)	(0.022)	(0.016)
男性	0.061 **	0.022	− 0.039	− 0.057 **	− 0.035 *	− 0.030 **

续表

变量名	(1) 是否参与	(2) >100元	(3) >200元	(4) >300元	(5) >400元	(6) >500元
	(0.025)	(0.031)	(0.026)	(0.023)	(0.021)	(0.012)
年龄	0.005 **	0.001	0.001	0.001	−0.000	0.002 *
	(0.002)	(0.003)	(0.003)	(0.002)	(0.002)	(0.001)
已婚	0.112 **	0.071	0.023	0.019		
	(0.046)	(0.069)	(0.057)	(0.047)		
受教育年限	−0.001	0.013 **	0.009 **	0.004	0.004	0.002
	(0.004)	(0.005)	(0.004)	(0.003)	(0.003)	(0.002)
饮酒	−0.016	−0.086 ***	0.022	0.043 **	0.039 **	0.026 **
	(0.024)	(0.031)	(0.024)	(0.021)	(0.019)	(0.012)
吸烟	−0.073 ***	0.034	0.031	0.038 *	0.027	0.019
	(0.026)	(0.033)	(0.026)	(0.022)	(0.021)	(0.014)
Ln（家庭人均收入）	0.005	0.011	0.003	0.007	0.003	0.003
	(0.006)	(0.008)	(0.006)	(0.005)	(0.005)	(0.003)
家庭人数	−0.015 **	−0.015	−0.012	−0.003	0.002	0.003
	(0.007)	(0.010)	(0.009)	(0.007)	(0.007)	(0.004)
基础养老金	−0.004 **	−0.001	0.001	0.001	0.002	0.002 **
	(0.002)	(0.003)	(0.002)	(0.002)	(0.002)	(0.001)
Ln（人均GDP）	0.250 ***	−0.041	0.024	0.040	−0.005	−0.023
	(0.050)	(0.072)	(0.066)	(0.055)	(0.053)	(0.029)
东部地区	−0.151 ***	−0.008	0.010	0.013	0.001	0.053 **
	(0.039)	(0.052)	(0.044)	(0.036)	(0.035)	(0.021)
西部地区	−0.153 ***	0.047	−0.074 **	−0.027	−0.012	0.028 *
	(0.029)	(0.039)	(0.033)	(0.028)	(0.024)	(0.016)
样本量	2654	1377	1377	1377	1329	1329
Pseudo R^2	0.030	0.018	0.031	0.039	0.027	0.108
Prob > chi^2	0.000	0.000	0.000	0.000	0.000	0.000

注：***、**、* 分别表示在1%，5%和10%的显著性水平下显著，括号内报告了异方差稳健的标准差。

（二）采用 Heckman 样本选择模型的稳健性检验

表7—6 是 CHARLS 2013 年数据采用 Heckman 样本选择模型估计的结

果。表 7—6 中（1）—（6）是逆相关系数（arhrho）。采用 Heckman 样本选择模型估计发现，新农保中的逆向选择问题仍然存在，进一步验证了结果的稳健性。

表 7—6　CHARLS2013 年数据采用 Heckman 样本选择模型估计的结果

	（1）	（2）	（3）	（4）	（5）	（6）
变量	是否参与	>100 元	>200 元	>300 元	>400 元	>500 元
有可能活到 75 岁	0.002	0.012	−0.000	0.013 *	0.007	0.001
	(0.011)	(0.011)	(0.009)	(0.007)	(0.007)	(0.005)
很可能活到 75 岁	0.008	0.021 **	0.017 **	0.020 ***	0.017 **	0.011 **
	(0.011)	(0.011)	(0.009)	(0.008)	(0.008)	(0.005)
athrho	−1.099 ***	0.869 ***	0.860 ***	0.865 ***	0.703 ***	7.916 ***
	(0.119)	(0.128)	(0.162)	(0.176)	(0.102)	(0.788)
样本量	6715	5562	5562	5562	5562	5562
Prob > chi^2	0.000	0.000	0.000	0.000	0.000	0.000

注：***、**、* 分别表示在 1%、5% 和 10% 的显著性水平下显著，括号内报告了异方差稳健的标准差。

第三节　逆向选择问题对新农保个人账户养老金支出缺口影响

新农保缴费中的逆向选择问题不利于个人账户基金的可持续性。图 7—2 模拟了缴费 15 年、基金收益率为 3% 的情况下，参保人员选择年缴费 100 元、500 元和 1000 元三个档次各个存活年龄下个人账户基金的累计余额。由于新农保政策实行终身支付，理论上当个人账户基金累计余额小于 0 时，说明个人账户基金不可持续，需要用其他方式进行弥补。可以发现，当参保人员存活年龄超过 74 岁时，个人账户基金累计余额将小于 0。存活年龄超过 74 岁之后，选择的缴费档次越高造成的个人账户基金亏空越大。以参保人员存活到 90 岁为例，选择缴费 100 元、500 元和 1000 元给个人账户基金带来的缺口分别为 0.4 万元、1.7 万元和 3.7 万元。所以，新农保中的逆向选择问题加大了个人账户基金的缺口，影响其可持续性。

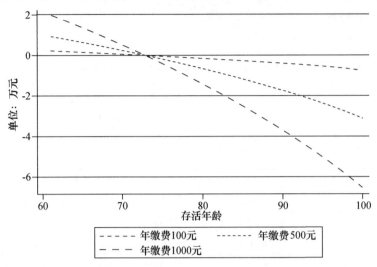

资料来源：模型模拟仿真。

图7—2　各个缴费档次下个人账户基金累计余额

　　本章使用了 2011 年和 2013 年 CHARLS 数据，并通过建立 Logit 模型和样本选择模型，较为全面地检验了新农保中逆向选择问题。通过实证研究发现，在农村居民是否参与新农保的决策中不存在逆向选择问题，即预期很有可能活到 75 岁并不会改变其是否参与新农保的决策。但是在加入新农保后，有关缴费档次的选择行为中存在着显著的逆向选择问题。即预期活到 75 岁会显著提高其选择较高缴费档次的可能性。新农保中逆向选择问题的存在，加大了个人账户基金缺口，从而影响了新农保个人账户基金的可持续性。同时，研究还发现年龄会提高农村居民参加新农保和参保后选择较高缴费档次的可能性，而地处西部地区会降低其参保可能性，而地处东部地区则可能提高其选择较高缴费档次的可能性。

　　逆向选择问题的存在可能对新农保的发展带来不利影响：第一，逆向选择问题的存在会提高新农保个人账户的基金风险。由于预期寿命较长的农村居民通过选择较高的缴费档次，从而在领取新农保时能够领取的养老金更多，而当自己缴纳部分领完后，国家依然会补足其自己缴纳部分，保证其养老金的继续领取。因此，预期寿命长的人多交，预期寿命短的人少交，这一现实会使新农保基金的个人账户风险提高，同时也影响了部分人群参与并选择较高档次的积极性。第二，长期来看，逆向选择的存在对新农保的长期发展存在不利影响。根据《国务院关于建立统一的城乡居民基本养老保险制度的意见》，新农保和城镇居民基本养老保险进行合并是未来城乡居民养老保险制度发展的方向。合并后，现有的新农保的最高缴费档次将从每人每年 500 元上升至每人每年 2000 元，缴费档次的进一步提高可能拉大缴费差距，使逆向选择问题进一步加重，从而影响城乡居民基本养老保险的长远发展。

　　为了进一步优化新农保制度设计，确保城乡居民基本养老保险政策的完善，解决城乡居民老有所养问题，本书建议：首先，探索试点建立新农保的个人账户统筹基金。通过建立个人账户统筹，可以有效预防个人账户基金风险。其次，从新农保制度设计层面，优化设计细节，提高农村居民参与新农保的积极性和科学性。例如在新农保的缴费设计中，依据不同风险类型设计不同的保险合约，并保证在自愿的前提下，较大限度地体现出由于参保人个人特质，特别是风险不同而获得收益也不同的特点。同时，还可以考虑引入商业养老保险，提高高收入、高预期寿命人群的参保积极性。最后，通过相关制度的设计和完善，强化新农保分散社会养老风险的功能。对特殊人群，如经济困难、养老负担较重的人群，可以通过增加政策补助，提高其参加新农保的积极性。同时，随着目前我国经济社会的持续发展，农村居民收入也相应提高，因此，扩大新农保的政策影响力，逐步、分地区地实现新农保强制参保，从而达到分散风险的目的，完善我国城乡居民基本养老保险制度的建立。

第 八 章

结论、建议和展望

第一节　研究结论

基于前面的分析和研究，主要有以下发现：

第四章研究了新农保制度设计效果，有如下发现：第一，新农保制度设计的"保基本，广覆盖和可持续"的政策目标没有同时实现。目前新农保只是在领取养老金待遇方面实现了广覆盖，政府财政支出和个人账户养老金支出基本可以实现可持续，但是在参保方面没有达到广覆盖，距离"保基本"的政策目标还任重道远。第二，虽然新农保养老金对低收入人群的保障水平比较高，但是本书发现新农保在低收入人群中的覆盖率低于全样本的平均水平，低收入人群较低的覆盖率影响了新农保制度对他们保障水平的发挥。第三，新农保在目前的模式下无法同时实现以上三个政策目标的原因在于，没能充分调动参保人群选择较高档次的积极性，因此无法发挥新农保个人账户养老金的保障作用。

第五章研究了新农保对家庭消费的影响，有如下发现：第一，领取新农保养老金和参加新农保缴费都提高了家庭的消费水平；第二，领取新农保养老金只提高了中低收入家庭的消费水平，而对中高收入家庭的消费增进效果不显著，对中低收入家庭而言新农保养老金是一项福利政策；第三，参加新农保缴费只提高了中高收入家庭的消费水平，而对中低收入家庭消费提升作用不显著，对中高收入家庭而言新农保表现出了保险平滑消费的作用。

第六章研究了新农保对劳动供给的影响，有如下发现：第一，领取新农保养老金降低了农村居民农业劳动的可能性和计划停止工作的年龄，对低收入人群和健康状况差的人群的农业劳动参与有明显的负向影响，新农保养老金对这部分人群起到了一定的福利政策效果；第二，参加新农保缴费无论从全体样本还是分组样本检验，均发现对农村居民的劳动供给影响不显著，说明参加新农保缴费不足以影响农村居民的劳动供给决策，也反映出新农保的保险效果不够强。

第七章研究了新农保中的逆向选择问题，有如下发现：第一，新农保的逆向选择问题只存在于缴费档次的选择方面，而在参加新农保方面的逆向选择问题不显著。新农保中的逆向选择问题表现为预期寿命越高的人群选择新农保较高缴费档次的可能性更高；第二，新农保中的逆向选择问题加大了个人账户养老金支付缺口。由于新农保实施终身支付的政策，预期寿命越长选择的缴费档次越高，当参保者存活的年龄超过一定岁数后造成的个人账户基金缺口也越大，不利于个人账户基金的可持续性。

第二节　结论讨论和建议

新农保制度设计中的"保基本，广覆盖，有弹性和可持续"原则互相之间存在一定的冲突。为了"广覆盖和可持续"选择降低保障水平是符合现实的选择，"有弹性"的制度设计则导致潜在的逆向选择风险，进而影响新农保个人账户养老金的可持续性。对以上结论分析发现：首先，在保障水平不高的情况下，新农保制度中真正的受益者是低收入人群，尤其是仅领取政府提供的新农保基础养老金的人群（即政策实施前年满60周岁的人群）。其次，低收入人群的参保率不高。究其原因可能是低收入人群当期的收入无法满足当期的消费支出，因此参加新农保的积极性不高，而在目前制度设计下未参保人群将来也很难领取政府提供的基础养老金。最后，对高收入人群而言，新农保起到了一定的平滑消费的作用，但是由于新农保缴费封顶线设置过低、个人账户基金收益率不高，阻碍了新农保制度保险作用的发挥。

新农保制度设计中混合了保险和福利两个政策，实际效果并不好。从制度设计和制度效果来看，领取新农保养老金对低收入人群生活的改善作用更明显。主要表现为低收入人群的新农保养老金替代率比较高，领取新农保养老金对低收入人群家庭消费增进和劳动供给下降的影响作用更为显著。新农保对于低收入人群而言是一项福利政策，但是由于低收入人群参保率低，使得新农保制度对低收入人群的福利政策效果未能得到充分体现。对高收入人群来说，新农保对其福利政策效果不明显，表现为领取新农保养老金对高收入家庭的消费和劳动供给影响不显著。但是新农保对高收入人群起到了一定的保险作用，参加新农保缴费使他们的家庭消费得到了显著的提高，对这部分人群而言他们更在乎新农保的平滑消费的作用。低收入人群对新农保的福利效果需求较高，高收入人群对新农保平滑消费的保险效果需求较高。新农保制度全面开展以后享受基础养老金需要以参保为条件，低收入人群的低参保率使很大一部分政策目标人群失去享受福利的机会。新农保封顶档次太低、个人账户基金收益率不高，影响了中高收入人群选择较高缴费档次的积极性，不利于保险功能的发挥。

基于以上对发现的讨论，本书提出以下建议：

第一，取消参加新农保缴费才能领取基础养老金的限制，区分新农保的福利效果和保险作用。在分析领取新农保养老金覆盖率方面发现，低收入家庭领取新农保养老金的覆盖率低于全样本的平均水平，而 80% 以上参加新农保缴费的人群选择最低缴费档次（年缴费 100 元）很大程度也是为了领取基础养老金，由于新农保制度将福利效果和保险作用混合造成了保障效果未能充分发挥，而应该接受福利政策的低收入人群也未被充分覆盖。另外，地方政府还得为年缴费 100 元的人群每年给予不低于 30 元的补贴，加大了地方政府的财政支付压力，同时对参保人群也没有起到实质性的保障作用。所以建议将新农保的基础养老金部分变成"普惠制"的养老金，凡是年满 60 周岁未领取城镇职工养老保险的居民均可领取，同时提高最低缴费档次的额度，增设更高的缴费档次，将原来补贴给年缴费 100 元人群的补贴用于更高缴费档次的补贴，更好地发挥保险的作用。

第二，优化新农保基金管理，提高个人账户收益率。同时实现新农保"保基本、广覆盖和可持续"的政策目标关键在于，在不影响农村居民参加新农保的积极性的情况下，提高他们个人账户基金数额，以提高新农保的保障水平。提高个人账户基金的数额有三种办法：一是提高政府对个人缴费的补贴力度，二是提高新农保最低缴费档次的金额，三是提高个人账户基金收益率。在经济理性人的假定下，地方政府提高对个人缴费的补贴力度，会增大地方政府的财政支出压力，因此地方政府在提高个人缴费补贴力度方面的积极性可能不高。如果简单通过提高最低缴费档次，必然影响人们参加新农保的积极性，降低新农保覆盖率。更糟糕的是，低收入人群由于受当期收入的预算约束，较高的缴费档次会降低他们参保的积极性，使最应该得到保障的低收入人群没有得到政策的覆盖。因此，提高个人账户基金数额只有依靠提高基金收益率来实现。目前新农保个人账户基金收益率仅仅参考一年期金融机构存款利息，剔除物价上涨等因素，新农保个人账户基金收益率甚至为负数。较低的个人账户基金收益率降低了年轻人参加新农保的积极性和选择较高档次缴费的可能性。另外，基于第三章中代表性个体个人账户基金可持续性模拟发现，提高个人账户基金收益率可以延长个人账户基金累计余额出现缺口的年龄，进而提高个人账户基金的可持续性。总之，提高个人账户基金收益率可以鼓励年轻人参保，从而实现新农保的"广覆盖"；并通过鼓励参保人群选择更高的缴费档次，提升个人账户的基金总额，使个人账户养老金也能够为"保基本"的政策目标发力，实现个人账户基金的"可持续"。为了提高个人账户基金收益率，本书提出以下几个方面的建议：（1）提高新农保基金统筹层次。目前新农保基金统筹还停留在县一级，基金统筹层次过低存在许多缺点，比如容易造成基金被挪用，无法从更高层次发挥新农保基金分散养老风险的作用，更无法实现基金投资带来的规模经济收入效应。（2）分配适当比例用于风险资产投资；虽然风险资产有高风险，但是也相应地可以带来高收益，所以可以将新农保基金以恰当比例用于风险资产投资。例如，泰国允许40%的养老金投资于风险资产。（3）降低个人账户基金管理费用。新农保个人账户基金管理费用也是影响基金净收益率的主要因素，所以需要通过信息化建设、简化基金收支流程等方面降低基金的管理费用。为了更好地实现新农保的政策设计目标，除了提高个人账户基金收益率之外，还需要加大对农村居民的政策宣传，增强农村居民对新农保政策的信任。

第三，提高高龄农村居民的基础养老金和个人账户养老金。为了避免新农保制度降低农村老人的劳动供给，建议实行阶梯式的基础养老金制度。慷慨的养老保险倾向于使人们退出劳动，在人口老龄化背景下，农村劳动力资源是经济可持续发展的重要因素。由于人们的健康和寿命都在改善，如果养老保险使得有劳动能力的人选择了提前退休，说明养老保险造成了道德风险，同时也降低了劳动市场运行的效率。但对于低收入或者健康状况差的人群来说，缺乏养老保障可能造成其过度劳动，从而使生活质量过于低下，如果养老保险降低了这类人群的劳动供给，说明达到了养老保险的福利政策效果。所以，建议根据农村居民的年龄段发放不同的基础养老金，所处年龄段越高发放更高的基础养老金和个人账户养老金。这样可以有效避免不应该退出劳动的人群提前停止劳动，又可以使本来应该退出劳动的人群得到更好的保障。

第四，警惕逆向选择问题及其导致个人账户基金缺口加大的风险，可以针对各地之间预期寿命的差异进行不同的缴费档次设计。解决保险中逆向选择问题的传统方法是实行强制参保制度和相同的缴费档次，以在大数定律作用下分散保险风险。而具体到新农保政策中，除了强制参保和选择缴费档次之外，提高新农保个人账户基金收益率是更好地克服逆向选择问题的方法。前面基于代表性个体个人账户基金可持续性仿真模拟发现，在其他条件不变的情况下，提高个人账户基金收益率可以推迟个人账户出现缺口的时间，从而可以有效避免逆向选择问题带来的支付缺口。另外，在提高新农保个人账户基金收益的情况下，逆向选择问题反而还是一种有利的现象，这样可以有效分散参保人群因长寿导致收入水平下降的风险。

第三节　研究不足及展望

由于受数据的限制，本书只对新农保制度的效果进行了研究。2014年新农保制度与城镇居民基本养老保险制度进行了合并实施，虽然新农保制度和城乡居民养老保险制度在制度设计框架上整体差异不大，参加城乡居民养老保险制度的人群也主要由原来参加新农保的人群构成，但是二者合并实施过后可能出现一些新的问题值得进一步研究。另外，本书本身也有部分问题值得继续探讨。

第一，合并实施的城乡居民基本养老保险制度对农村居民行为的影响。合并实施过后的城乡居民养老保险增设了更多和更高的缴费档次，影响农村居民对这些档次选择的因素有哪些？逐渐统一的城乡居民养老体系，对农村居民人口流动和不同养老保险的选择有什么影响？这些问题还需要采用更新的数据进行研究。

第二，部分现象背后的深层次原因还值得继续探讨。例如本书只观察到了低收入人群参保率低的现象，但是导致参保率低的原因是流动性限制还是行为学方面的原因①还可以继续深入探讨，因为不同原因造成的问题需要不同的解决策略。

第三，经验研究中还存在进一步完善的可能。例如受到数据的限制，本书使用的断点回归模型没有对人群进行更细的划分，从更微观的角度考察新农保政策对不同人群的影响。

---

① Madrian，B. C.，"Matching Contributions and Savings Outcomes：A Behavioral Economics Per-spective"，*National Bureau of Economic Research*，2012.

参考文献

中文文献

[1] 《国务院关于建立统一的城乡居民基本养老保险制度的意见》（国发〔2014〕8 号）。

[2] 《国务院关于开展城镇居民社会养老保险试点的指导意见》（国发〔2011〕18 号）。

[3] 《国务院关于开展新型农村社会养老保险试点的指导意见》（国发〔2009〕32 号）。

[4] 《民政部关于进一步做好农村社会养老保险工作的意见》（国办发〔1995〕51 号）。

[5] 《县级农村社会养老保险基本方案（试行）》（民办发〔1992〕2 号）。

[6] 白重恩、吴斌珍、金烨：《中国养老保险缴费对消费和储蓄的影响》，《中国社会科学》2012 年第 8 期。

[7] 常芳、杨矗、王爱琴等：《新农保实施现状及参保行为影响因素——基于 5 省 101 村调查数据的分析》，《管理世界》2014 年第 3 期。

[8] 车翼、王元月、马驰骋：《老年劳动者劳动供给行为的 Logistic 经验研究》，《数量经济技术经济研究》2007 年第 1 期。

[9] 陈静：《基本养老保险对家庭消费的影响——基于 CHFS 数据的实证分析》，《消费经济》2015 年第 1 期。

[10] 陈南旺：《国外城镇化进程中农村社会养老保险制度比较与启示》，《价格月刊》2006 年第 5 期。

[11] 程杰：《新型农村养老保险制度的财政负担测算——兼论"十二五"

期间实现全覆盖的可行性》,《社会保障研究》2011 年第 1 期。

[12] 程杰:《养老保障的劳动供给效应》,《经济研究》2014 年第 10 期。

[13] 褚福灵:《论养老保险的缴费替代率与待遇替代率》,《北京市计划劳动管理干部学院学报》2006 年第 1 期。

[14] 褚福灵:《养老保险金替代率研究》,《北京市计划劳动管理干部学院学报》2004 年第 3 期。

[15] 崔红志:《新型农村社会养老保险制度适应性的实证研究》,社会科学文献出版社 2012 年版。

[16] 邓大松、李玉娇:《制度信任、政策认知与新农保个人账户缴费档次选择困境——基于 Ordered Probit 模型的估计》,《农村经济》2014 年第 8 期。

[17] 邓大松、薛惠元:《新型农村社会养老保险替代率的测算与分析》,《山西财经大学学报》2010 年第 4 期。

[18] 邓大松、薛惠元:《新型农村社会养老保险替代率精算模型及其实证分析》,《经济管理》2010 年第 5 期。

[19] 段程遥:《影响我国养老保险覆盖率的因素的实证分析》,《湖南城市学院学报》2013 年第 6 期。

[20] 范辰辰、李文:《"新农保"如何影响农村居民消费——以山东省为例》,《江西财经大学学报》2015 年第 1 期。

[21] 封进:《新型农村养老保险制度:政策设计与实施效果》,《世界经济情况》2010 年第 8 期。

[22] 封铁英、戴超:《以需求为导向的新型农村养老保险参保意愿与模式选择研究》,《人口与发展》2010 年第 6 期。

[23] 封铁英、高鑫:《基于精算模型参数调整的农村养老金可持续性仿真研究》,《中国管理科学》2015 年第 9 期。

[24] 封铁英、高鑫:《人口老龄化对农村养老金可持续性的冲击:基于 VAR 模型的实证研究》,《管理评论》2015 年第 6 期。

[25] 封铁英、高鑫:《新农保政策主导下的农村养老方式选择偏好及其融合效应研究》,《经济社会体制比较》2013 年第 6 期。

[26] 封铁英、李梦伊:《新型农村社会养老保险基金收支平衡模拟与预测——基于制度风险参数优化的视角》,《公共管理学报》2010 年

第 7 期。

[27] 高鸿业：《西方经济学》，中国人民大学出版社 2007 年版。

[28] 郭光芝、杨翠迎、冯广刚：《国家新农保制度中政府财政责任的动态评估——基于国际经验的比较分析》，《人口与经济》2014 年第 2 期。

[29] 郭瑜：《农民工养老保险的选择——基于替代率的研究》，《保险研究》2013 年第 4 期。

[30] 贺立龙、姜召花：《新农保的消费增进效应——基于 CHARLS 数据的分析》，《人口与经济》2015 年第 1 期。

[31] 黄宏伟、展进涛、陈超：《"新农保"养老金收入对农村老年人劳动供给的影响》，《中国人口科学》2014 年第 2 期。

[32] 黄宏伟、展进涛：《收入水平、成员结构与农户新农保参加行为——基于全国 30 省（区、市）4748 户农户数据的实证分析》，《中国农村经济》2012 年第 12 期。

[33] 黄丽、罗锋、刘红梅：《城乡居民社会养老保险政府补贴问题研究——基于广东省的实证研究》，《人口与经济》2014 年第 3 期。

[34] 黄丽：《城乡居民基本养老保险保障水平评估与反思——基于养老金替代率视角》，《人口与经济》2015 年第 5 期。

[35] 贾洪波、高倚云：《基于帕累托优化的基本养老金替代率测算》，《人口与发展》2007 年第 1 期。

[36] 贾宁、袁建华：《基于精算模型的"新农保"个人账户替代率研究》，《中国人口科学》2010 年第 3 期。

[37] 蒋云赟：《我国新型农村养老保险对财政体系可持续性的影响研究——基于代际核算方法的模拟分析》，《财经研究》2011 年第 12 期。

[38] 解垩：《"新农保"对农村老年人劳动供给及福利的影响》，《财经研究》2015 年第 8 期。

[39] 李慧、孙东升：《新型农村社会养老保险对我国农民消费的影响——基于 SEM 的实证研究》，《经济问题》2014 年第 9 期。

[40] 李俊：《城镇化、老龄化背景下新型农村养老保险财务状况研究：2011 年—2050 年》，《保险研究》2012 年第 5 期。

［41］李时宇、冯俊新：《城乡居民社会养老保险制度的经济效应——基于多阶段世代交叠模型的模拟分析》，《经济评论》2014 年第 3 期。

［42］李珍、王海东：《基本养老保险个人账户收益率与替代率关系定量分析》，《公共管理学报》2009 年第 4 期。

［43］李珍、王海东：《基本养老保险目标替代率研究》，《保险研究》2012 年第 2 期。

［44］李珍：《基本养老保险制度分析与评估》，人民出版社 2013 年版。

［45］林宝：《平均替代率、目标替代率与养老金压力估计》，《人口与发展》2013 年第 6 期。

［46］刘海宁：《基本养老保险给付水平适度调整研究——以"基本生活"保障为统筹目标的思考》，《经济经纬》2014 年第 3 期。

［47］刘宏、王俊：《中国居民医疗保险购买行为研究——基于商业健康保险的角度》，《经济学（季刊）》2012 年第 4 期。

［48］刘辉、徐利群：《农民参加新型农村养老保险意愿影响因素的实证分析——基于湖南省 428 位农民的调查》，《农村经济》2014 年第 2 期。

［49］刘晓梅：《中国农村社会养老保险》，科学出版社 2010 年版。

［50］刘远风：《新农保扩大内需的实证分析》，《中国人口·资源与环境》2012 年第 2 期。

［51］马光荣、周广肃：《新型农村养老保险对家庭储蓄的影响：基于 CF-PS 数据的研究》，《经济研究》2014 年第 11 期。

［52］米红、邱晓蕾：《中国城镇社会养老保险替代率评估方法与实证研究——兼论不同收入群体替代率的比较》，《数量经济技术经济研究》2005 年第 2 期。

［53］民政部：《关于进一步做好农村社会养老保险工作的意见》，《中华人民共和国国务院公报》1995 年第 2 期。

［54］穆怀中、沈毅、樊林昕等：《农村养老保险适度水平及对提高社会保障水平分层贡献研究》，《人口研究》2013 年第 3 期。

［55］穆怀中、闫琳琳：《新型农村养老保险参保决策影响因素研究》，《人口研究》2012 年第 1 期。

［56］聂建亮、钟涨宝：《新农保养老保障能力的可持续研究——基于农

民参保缴费档次选择的视角》，《公共管理学报》2014 年第 3 期。

[57] 钱振伟、卜一、张艳：《新型农村社会养老保险可持续发展的仿真评估：基于人口老龄化视角》，《经济学家》2012 年第 8 期。

[58] 邱东、李东阳：《养老金替代率水平及其影响的研究》，《财经研究》1999 年第 1 期。

[59] 孙雅娜、王成鑫、王玥：《新型农村养老保险制度给付水平的适度性分析》，《人口与经济》2011 年第 6 期。

[60] 陶裕春、高家钰、徐珊：《江西新型农村社会养老保险经济支持能力研究》，《人口与经济》2012 年第 5 期。

[61] 汪兆旗：《农民工养老保险覆盖率低的原因分析及对策研究》，《西华大学学报》（哲学社会科学版）2009 年第 3 期。

[62] 王国辉、陈洋、魏红梅：《新农保最低档缴费困境研究——基于辽宁省彰武县新农保的调查》，《经济经纬》2013 年第 2 期。

[63] 王文静、刘彤、李盛基：《养老模式对我国农村老年人劳动供给的影响》，《南方人口》2015 年第 3 期。

[64] 吴玉锋、吴中宇：《村域社会资本、互动与新农保参保行为研究》，《人口与经济》2011 年第 2 期。

[65] 吴玉锋：《新型农村社会养老保险参保行为主观影响因素实证研究》，《保险研究》2011 年第 10 期。

[66] 吴玉锋：《新型农村社会养老保险参与行为实证分析——以村域社会资本为视角》，《中国农村经济》2011 年第 10 期。

[67] 吴玉锋：《新型农村社会养老保险参与实证研究：一个信任分析视角》，《人口研究》2011 年第 4 期。

[68] 徐颖、李晓林：《中国社会养老保险替代率水平研究述评》，《求索》2009 年第 9 期。

[69] 徐颖：《中国社会养老保险保障水平分析与评价》，社会科学文献出版社 2010 年版。

[70] 薛惠元、曹立前：《农户视角下的新农保政策效果及其影响因素分析——基于湖北省 605 份问卷的调查分析》，《保险研究》2012 年第 6 期。

[71] 薛惠元、王翠琴：《"新农保"财政补助政策地区公平性研究——基

于 2008 年数据的实证分析》,《农村经济》2010 年第 7 期。

[72] 薛惠元:《基于整体法的新农保个人账户基金收支平衡模拟与预测》,《保险研究》2014 年第 2 期。

[73] 薛惠元:《新型农村社会养老保险财政保障能力可持续性评估——基于政策仿真学的视角》,《中国软科学》2012 年第 5 期。

[74] 薛惠元:《新型农村社会养老保险个人筹资能力可持续性分析》,《贵州财经大学学报》2012 年第 1 期。

[75] 杨翠迎:《农村基本养老保险制度理论与政策研究》,浙江大学出版社 2007 年版。

[76] 姚俊:《理性选择、外部激励与新农保连续性参保——基于四省的调查》,《中国人口科学》2015 年第 4 期。

[77] 姚俊:《农民工参加不同社会养老保险意愿及其影响因素研究——基于江苏五地的调查》,《中国人口科学》2010 年第 1 期。

[78] 殷俊、黄蓉:《中国基础养老金长期财务可持续性分析——基于随机模拟方法的研究》,《云南社会科学》2013 年第 1 期。

[79] 于建华、魏欣芝:《新型农村社会养老保险对农民消费水平影响的实证分析》,《消费经济》2014 年第 4 期。

[80] 余静文、王春超:《新"拟随机实验"方法的兴起——断点回归及其在经济学中的应用》,《经济学动态》2011 年第 2 期。

[81] 岳爱、杨矗、常芳等:《新型农村社会养老保险对家庭日常费用支出的影响》,《管理世界》2013 年第 8 期。

[82] 臧文斌、王静曦、周磊:《居民参加大病补充医疗保险影响因素研究——基于成都市的实证分析》,《保险研究》2014 年第 4 期。

[83] 臧文斌、赵绍阳、刘国恩:《城镇基本医疗保险中逆向选择的检验》,《经济学(季刊)》2013 年第 1 期。

[84] 张川川、John Giles、赵耀辉:《新型农村社会养老保险政策效果评估——收入、贫困、消费、主观福利和劳动供给》,《经济学(季刊)》2015 年第 1 期。

[85] 张海川、郑军:《2001—2009:我国农村养老保障适度水平研究》,《保险研究》2011 年第 7 期。

[86] 张思锋:《新型农村社会养老保险制度试点研究》,人民出版社

2011 年版。

[87] 张雨明：《中国养老保险中的性别差异分析》，《经济研究导刊》 2010 年第 3 期。

[88] 张运刚：《新型农村社会养老保险制度探索》，《四川师范大学学报》（社会科学版）2010 年第 4 期。

[89] 赵斌、原浩爽：《我国基础养老金财务平衡与可持续性分析——基于财政合理支付视角》，《财经科学》2013 年第 7 期。

[90] 赵建国、海龙：《"逆向选择"困局与"新农保"财政补贴激励机制设计》，《农业经济问题》2013 年第 9 期。

[91] 郑功成：《中国社会保障改革与发展战略》，人民出版社 2011 年版。

[92] 郑功成：《中国养老保险制度的未来发展》，《中国人力资源社会保障》2003 年第 3 期。

[93] 郑军、张海川：《我国农村社会养老保险覆盖率的实证考察与政策建议》，《保险研究》2012 年第 2 期。

[94] 钟涨宝、李飞：《动员效力与经济理性：农户参与新农保的行为逻辑研究——基于武汉市新洲区双柳街的调查》，《社会学研究》2012 年第 3 期。

[95] 朱方圆、张庆君：《农村居民最低养老水平财政保障程度分析——以辽宁新农保试点为例》，《农村经济》2013 年第 9 期。

[96] 朱浩、易龙飞：《社会保险对城乡低龄老年人再就业的影响——基于 CHARLS 数据的实证分析》，《西北人口》2015 年第 3 期。

[97] 邹红、喻开志、李奥蕾：《养老保险和医疗保险对城镇家庭消费的影响研究》，《统计研究》2013 年第 11 期。

[98] 左停、张国栋、徐小言：《流动农民工养老保险覆盖的窘境与出路》，《农村经济》2015 年第 3 期。

英文文献

[99] Alaudin, R. I., Ismail, N., Isa, Z., "Projection of Retirement Adequacy using Wealth-Need Ratio: Optimistic and Pessimistic Scenarios", *International Journal of Social Science and Humanity*, Vol. 6, No. 5, 2016.

[100] Alford, S. , Farnen, D. B. , Schachet, M. , "Affordable Retirement: Light at the End of the Tunnel", *Benefits Quarterly*, Vol. 20, No. 4, 2004.

[101] Angrist, J. , Pischke, J. S. , "Mostly Harmless Econometrics: An Empiricists Guide", *Working Paper*, 2009.

[102] Asher, M. G. , "Social Pensions in Four Middle-income Countries", *Closing the Coverage Gap*, *Working Paper*, 2009.

[103] Asher, M. , "Extending Social Security Coverage in Asia-Pacific: A Review of Good Practices and Lessons Learnt", *International Social Security Association*, *Working Paper*, 2009.

[104] Attanasio, O. P. , Brugiavini, A. , "Social Security and Households' Saving", *The Quarterly Journal of Economics*, 2003.

[105] Auerbach P. , Genoni M. E. , "Social Security Coverage and the Labor Market in Developing Countries", *Working Paper*, 2005.

[106] Bailey, C. , "Extending Social Security Coverage in Africa", *Working Paper*, 2004.

[107] Barr, N. A. , *The Economics of the Welfare State*, Stanford University Press, 1993.

[108] Barr, N. , Diamond, P. , "The Economics of Pensions", *Oxford Review of Economic Policy*, Vol. 22 , No. 1 , 2006.

[109] Barrientos, A, "Social Pensions in Low-income Countries", *Closing the Coverage Gap: The Role of Social Pensions and Other Retirement Income Transfers*, Washington, DC: World Bank, 2009.

[110] Becker, G. S. , "A Theory of the Allocation of Time", *The Economic Journal*, 1965.

[111] Bertrand, M. , Mullainathan, S. , Miller, D. , "Public Policy and Extended Families: Evidence from Pensions in South Africa", *The World Bank Economic Review*, Vol. 17, No. 1, 2003.

[112] Borella, M. , Fornero, E. , "Adequacy of Pension Systems in Europe: An Analysis Based on Comprehensive Replacement Rates", *Working Paper*, 2009.

[113] Börsch-Supan, Axel, "Incentive Effects of Social Security on Labor

Force Participation: Evidence in Germany and Across Europe", *Journal of Public Economics*, Vol. 78, No. 1, 2000.

[114] Browning, E. K. , "Why the Social Insurance Budget is too Large in a Democracy", *Economic Inquiry*, Vol. 13, No. 3, 1975.

[115] Burkhauser, R. V. , Turner, J. A. , "A Time-Series Analysis on Social Security and Its Effect on the Market Work of Men at Younger Ages", *Journal of Political Economy*, Vol. 86, No. 4, 1978.

[116] Cawley, John, and Tomas Philipson, "An Empirical Examination of Information Barriers to Trade in Insurance", *The American Economic Review*, Vol. 89, No. 4, 1999.

[117] Chiappori, Pierre-André, and Bernard Salanie, "Testing for Asymmetric Information in Insurance Markets", *Journal of Political Economy*, Vol. 108, No. 1, 2000.

[118] Chybalski, F. , "Measuring the Multidimensional Adequacy of Pension Systems in European Countries", *Working Paper*, 2012.

[119] Darby, Michael, R. , "The Effects of Social Security on Income and the Capital Stock", Washington, *D. C.* : *American Enterprise Institute for Public Policy Research*, 1979.

[120] De Carvalho Filho, I. E. , "Household Income as a Determinant of Child Labor and School Enrollment in Brazil: Evidence from a Social Security Reform", *Economic Development and Cultural Change*, Vol. 60, No. 2, 2012.

[121] De Carvalho Filho, I. E. , "Old – age Benefits and Retirement Decisions of Rural Elderly in Brazil", *Journal of Development Economics*, Vol. 86, No. 1, 2008.

[122] Delavande, A. , Rohwedder, S. , "Differential Mortality in Europe and the US: Estimates Based on Subjective Probabilities of Survival", *Working Paper*, 2008.

[123] Dexter, M. K. , "Replacement Ratios: a Major Issue in Employee Pension Systems", *National Committee on Public Employee Pension Systems*, 1984.

[124] Diamond, P. A. , "A Framework for Social Security Analysis", *Journal of Public Economics*, Vol. 8, No. 3, 1997.

[125] Dorfman, M. , Palacios, R. , "World Bank Support for Pensions and Social Security: Background Paper for the World Bank 2012 – 2022 Social Protection and Labor Strategy", *Social Protection and Labor Discussion Paper*, 2012.

[126] Einav, Liran and Finkelstein, Amy (2011), Selection in Insurance markets: Theory and Empirics in Pictures, *NBER Working Paper* 16723, http://www.nber.org/papers/w16723.

[127] Europeană, C. , "Adequate and Sustainable Pensions", *Synthesis Report*, 2006.

[128] Feldstein, M. , Liebman, J. B. , "Social Security", *Handbook of Public Economics*, 2002.

[129] Feldstein, M. , "Social Security, Induced Retirement, and Aggregate Capital Accumulation ", *The Journal of Political Economy*, Vol. 3, 1974.

[130] Finkelstein, A. , Poterba, J. , "Selection Effects in the United Kingdom Individual Annuities Market ", *Economic Journal*, Vol. 112, No. 476, 2002.

[131] Finkelstein, Amy, and James Poterba, "Adverse Selection in Insurance Markets: Policyholder Evidence from the UK Annuity Market", *Journal of Political Economy* , Vol. 112, No. 1, 2004.

[132] Forteza, A. , Lucchetti, L. , "Pallares-Miralles M. Measuring the Coverage Gap", *Closing the Coverage Gap: The Role of Social Pensions and Other Retirement Income Transfers*, 2009.

[133] Friedman, B. M. , & Warshawsky, M. J, "The Cost of Annuities: Implications for Saving Behavior and Bequests", *Quarterly Journal of Economics*, Vol. 105, No. 1, 1990.

[134] Gale, W. G. , "The Effects of Pensions on Household Wealth: A Reevaluation of Theory and Evidence", *Journal of Political Economy*, Vol. 106, No. 4, 1998.

[135] Gendell, M. , "Older Workers: Increasing Their Labor force Participation and Hours of Work", *Monthly Lab. Rev*, 2008.

[136] Ginneken, W. , "Extending Social Security: Policies for Developing Countries", *International Labour Review*, Vol. 142, No. 3, 2003.

[137] Gough, O. , Adami, R. , "Welfare Systems and Adequacy of Pension Benefits in Europe", *Social Policy and Society*, Vol. 11, No. 1, 2012.

[138] Guiso, L. , Jappelli, T. , Padula M. , "Pension Risk, Retirement Saving and Insurance", *Working Paper*, 2009.

[139] Hagemejer, K. , "Rights-based Approach to Social Security Coverage Expansion", *Closing the Coverage Gap: The Role of Social Pensions and Other Retirement Income Transfers*, 2009.

[140] Hahn, J. , Todd, P. , Van der Klaauw, W. , "Identification and Estimation of Treatment Effects with a Regression - discontinuity Design", *Econometrica*, Vol. 69, No. 1, 2001.

[141] Hamermesh, D. S. , "Consumption During Retirement: The Missing Link in the Life Cycle", *Econometrica*, Vol. 11, 1982.

[142] Hausman, J. A. , "Specification Tests in Econometrics", *Econometrica: Journal of the Econometric Society*, Vol. 8, 1978.

[143] Heckman, J. J. , "Sample Selection Bias as a Specification Error", *Econometrica: Journal of the Econometric Society*, Vol. 2, 1979.

[144] Holzmann, R. , Hinz, R. P. , von Gersdorff, H. , et al. , "Old-age Income Support in the Twenty first Century: An International Perspective on Pension Systems and Reform", *Washington*, D. C. : World Bank, 2005.

[145] Holzmann, R. , Packard, T. , Cuesta, J. , "Extending Coverage in Multi-pillar Pension Systems: Constraints and Hypotheses, Preliminary Evidence and Future Research Agenda", *World Bank Social Protection Discussion Paper*, 2000.

[146] Hubbard, R. G. , Judd, K. L. , "Social Security and Individual Welfare: Precautionary Saving, Borrowing Constraints, and the Payroll Tax", *The American Economic Review*, Vol. 1, 1987.

[147] Hurd, M. D. , Boskin, M. J. , "The Effect of Social Security on Retirement in the Early 1970s", *Quarterly Journal of Economics*, Vol. 99, No. 4, 1984.

[148] Hurd, M. D. , McGarry, K. , "The Predictive Validity of Subjective Probabilities of Survival", *The Economic Journal*, Vol. 112, No. 482, 2002.

[149] Hurd, M. D. , Rohwedder, S. , "The Adequacy of Economic Resources in Retirement", *Michigan Retirement Research Center Research Paper*, 2008.

[150] Hurd, M. D. , McGarry, K. , "The Predictive Validity of Subjective Probabilities of Survival", *The Economic Journal*, Vol. 22, 2002.

[151] Imbens, G. W. , Lemieux, T. , "Regression Discontinuity Designs: A Guide to Practice", *Journal of Econometrics*, Vol. 142, No. 2, 2008.

[152] Imbens, G. W. , "Nonparawetric Estimation of Average Treatment Effects under Exogeneity: A Review", *Review of Economics and Statistics*, Vol. 86, No. 1, 2004.

[153] Imbens, G. , Kalyanaraman, K. , "Optimal Bandwidth Choice for the Regression Discontinuity Estimator", *The Review of Economic Studies*, 2011.

[154] James, E. , "Coverage Under Old Age Security Programs and Protection for the Uninsured: What are the Issues?", *World Bank Publications*, 1999.

[155] Jung, J. , Tran, C. , "The Extension of Social Security Coverage in Developing Countries", *Journal of Development Economics*, Vol. 99, No. 2, 2012.

[156] Kotlikoff, L. J. , Summers, L. H. , "The Adequacy of Savings", *Working Paper*, 1981.

[157] Kotlikoff, L. J. , "Testing the Theory of Social Security and Life Cycle Accumulation", *The American Economic Review*, Vol. 3, 1979.

[158] Krueger, A. B. , Pischke, J. S. , "The Effect of Social Security on Labor Supply: A Cohort Analysis of the Notch Generation", *National Bureau of Economic Research*, Vol. 63, 1991.

[159] Laitner, J. , Silverman, D. , "Consumption, Retirement and Social

Security: Evaluating the Efficiency of Reform that Encourages Longer Careers", *Journal of Public Economics*, Vol. 96, No. 7, 2012.

[160] Lee, D. S., Moretti, E., Butler, M. J., "Do Voters Affect or Elect Policies? Evidence from the US House", *The Quarterly Journal of Economics*, Vol. 36, 2004.

[161] Lee, D. S., "Randomized Experiments from Non-random Selection in US House Elections", *Journal of Econometrics*, Vol. 142, No. 2, 2008.

[162] Leimer, D. R., Richardson, D. H., "Social Security, Uncertainty Adjustments and the Consumption Decision ", *Economica*, Vol. 2, 1992.

[163] Leimer, Dean R., and Selig D. Lesnoy, "Social Security and Private Saving: New Time-series Evidence", *The Journal of Political Economy*, Vol. 7, 1982.

[164] Lemieux, T., Milligan, K., "Incentive Effects of Social Assistance: A Regression Discontinuity Approach ", *Journal of Econometrics*, Vol. 142, No. 2, 2008.

[165] Li, J., Montalto, C. P., Geistfeld, L. V., "Determinants of Financial Adequacy for Retirement", *Financial Counseling and Planning*, Vol. 7, No. 5, 1996.

[166] Madrian, B. C., "Matching Contributions and Savings Outcomes: A Behavioral Economics Perspective", *National Bureau of Economic Research*, Vol. 9, 2012.

[167] Maloney, Tim, "The Impact of Welfare Reform on Labour Supply Behaviour in New Zealand", *Labour Economics*, Vol. 7, No. 4, 2000.

[168] Martín, Alfonso, R. Sánchez, "Endogenous Retirement and Public Pension System Reform in Spain ", *Economic Modelling*, Vol. 27, No. 1, 2010.

[169] Mastrobuoni, G., "Labor Supply Effects of the Recent Social Security Benefit Cuts: Empirical Estimates using Cohort Discontinuities", *Journal of Public Economics*, Vol. 93, No. 11, 2009.

[170] McCarthy, David, Olivia, S. Mitchell, "International Adverse Selection in Life Insurance and Annuities", *Ageing in Advanced Industrial*

States, *Springer Netherlands*, 2010.

[171] McCrary, J. , "Testing for Manipulation of the Running Variable in the Regression Discontinuity Design, Forthcoming", *Journal of Econometrics*, Vol. 17, 2008.

[172] Meier, Elizabeth, L. , Cynthia, C. Dittmar, Barbara Boyle Torrey, "Retirement Income Goals, President's Commission on Pension Policy: for sale by the Supt. of Docs", *US Govt. Print. Off.* , 1980.

[173] Mitchell, O. S. , Poterba, J. M. , Warshawsky, M. J. , Brown, J. R, "New Evidence on the Money's Worth of Individual Annuities", *American Economic Review*, Vol. 89, No. 5, 1997.

[174] Mitchell, Olivia, S. , James, M. Poterba. , Mark. J. Warshawsky, Jeffery, R. Brown, "New Evidence on the Money's Worth of Individual Annuities", *American Economic Review*, Vol. 89, No. 5, 1999.

[175] Oshio, Takashi, Akiko Sato Oishi, Satoshi Shimizutani, "Social Security Reforms and Labor Force Participation of the Elderly in Japan", *Japanese Economic Review* , Vol. 62, No. 2, 2011.

[176] Pallares-Miralles, M. , Romero, C. , Whitehouse, E. , "International Patterns of Pension Provision II", *A Worldwide Overview of Facts and Figures, Social Protection and Labor Discussion Paper*, 2012 .

[177] Paparella, D. , "Social Security Coverage for Migrants: Critical Aspects", *ISSA European Regional Meeting*, 2004.

[178] Parker, J. A. , "The Reaction of Household Consumption to Predictable Changes in Social Security Taxes ", *American Economic Review*, Vol. 89, 1999.

[179] Rangel. A. , "Forward and Backward Intergenerational Goods: Why is Social Security Good for the Environment?" , *The American Economic Review*, Vol. 93, No. 3, 2003.

[180] Reynaud, E. , "The Extension of Social Security Coverage: The Approach of the International Labour Office", *Extension of Social Security Working Paper*, 2002 .

[181] Rofman, R. , Carranza, E. , "Social Security Coverage in Latin A-

merica", *Social Protection*, World Bank, 2005.

[182] Ruhm, Christopher, J., "Do Pensions Increase the Labor Supply of Older Men?", *Journal of Public Economics*, Vol. 59, No. 2, 1996.

[183] Sakthivel, S., Joddar, P., "Unorganised Sector Workforce in India: Trends, Patterns and Social Security Coverage", *Economic and Political Weekly*, Vol. 11, 2006.

[184] Samuelson, P. A., "An Exact Consumption-loan Model of Interest with or without the Social Contrivance of Money", *The Journal of Political Economy*, Vol. 63, 1958.

[185] Samwick, Andrew, A., "New Evidence on Pensions, Social Security, and the Timing of Retirement", *Journal of Public Economics*, Vol. 70, 1998.

[186] Springstead, G., Biggs, A. G., "Alternate Measures of Replacement Rates for Social Security Benefits and Retirement Income", *Social Security Bulletin*, Vol. 68, No. 2, 2008.

[187] Stephens, M., "3rd of tha Month: Do Social Security Recipients Smooth Consumption Between Checks", *American Economic Review*, 2003.

[188] Takayama, N., "Pension Coverage in Japan", *Closing the Coverage Gap*, Vol. 60, No. 64, 2008.

[189] Thistlethwaite, D. L., Campbell, D. T., "Regression-discontinuity Analysis: An Alternative to theex post Facto Experiment", *Journal of Educational Psychology*, Vol. 51, 1960.

[190] Valdés-Prieto, S., "Social Security Coverage in Chile, 1990 – 2001" *Background Paper for the Regional Study on Social security Reform*, World Bank, Washington, DC, 2002.

[191] Van Ginneken, W., "Extending Social Security Coverage: Concepts, Global Trends and Policy Issues", *International Social Security Review*, Vol. 60, 2007.

[192] Van Ginneken, W., "Social Security Coverage Extension: A Review of Recent Evidence", *International Social Security Review*, Vol. 63, 2010.

[193] Van Ginneken, W., "Social Security for the Informal Sector: A New

Challenge for the Developing Countries", *International Social Security Review*, *Vol.* 52, 1999.

[194] Vere, J. P. , "Social Security and Elderly Labor Supply: Evidence from the Health and Retirement Study", *Labour Economics*, Vol. 18, 2011.

[195] Wilcox, D. W. , "Social Security Benefits, Consumption Expenditure, and the Life Cycle Hypothesis", *The Journal of Political Economy*, Vol. 3, 1989.

[196] Williamson, S. H. , Jones, W. L. , "Computing the Impact of Social Security using the Life Cycle Consumption Function", *The American Economic Review*, Vol. 17, 1983.

[197] Wooldridge, J. M. , *Econometric Analysis of Cross Section and Panel Data*, MIT Press, 2010.

[198] Zaidi, A. , "Sustainability and Adequacy of Pensions in EU Countries. A Cross-national Perspective", *European Centre for Social Welfare Policy and Research*, Vienna, 2010.

后　记

　　本书是在本人的博士毕业论文基础上修改完成。我要感谢我的博导，西南财经大学公共管理学院的姜博副教授，感谢他在我整个博士阶段，特别是毕业论文撰写的各个环节给我提供了细致、无私的指导和帮助。同时也要感谢臧文斌教授，因为有他的鼓励和支持，我才有了考博的勇气和决心。

　　我要感谢北京大学中国社会科学数据调查中心提供的中国家庭追踪调查（CFPS）和中国健康与养老追踪调查（CHARLS）数据支持。由于你们提供的高质量的数据支持，使本书达到了预期效果，并有一系列有意义的发现。

　　我要感谢我的家人，感谢这么多年以来你们对我默默的支持和坚定的信任。千言万语也无法表达内心对你们的感激之情，唯有继续努力以不辜负你们的勉励和期望。我特别要感谢我的妻子王静曦，她在本书的写作和修改过程中都提出了非常宝贵的意见。

　　最后，本书能够顺利出版还离不开中国社会科学出版社工作人员的悉心指导和帮助，她们为本书的审稿、修改和排版花费了大量的时间和精力，特在此表示感谢。

周磊

2017 年 6 月